會社謄本(かいしゃとうほん)
分析事始(ぶんせきことはじめ)

中村(なかむら) 勝彦(かつひこ) 著

税務経理協会

　　　　　はじめに

　【素性を暴き，数字を造る・・・，会社謄本はこの二つを追求するために使うもの。】
　まず声を大にして，私は訴えたいと思う。

　「『知られたくない過去を持った会社かどうか』を分析する」のが【素性を暴く】であり，「他の資料と照合し，決算内容や幹部年収を推測する」のが【数字を造る】であることを，1人でも多くの方々に認識していただきたい，と思っています。会社謄本には，コストパフォーマンスの高い情報がたくさん詰まっているのです。

　そもそも会社謄本は，「商号，会社等に係る信用の維持を図り，かつ，取引の安全と円滑に資する」（商業登記法第1条より抜粋）ためにあるはずです。しかし現実には，役所や銀行への提出書類としか思われていません。
　その原因はともかくとして，会社謄本を提出書類以外に有効活用しているビジネスマンを，ほとんど見たことがありません。そんな現状を，私はとても憂えています。

　本書は，税理士を始め，中小企業内部に踏み込んで仕事をしている士業，あるいは中小企業を支える管理スタッフのみなさんを想定してまとめました。
　それは，多忙な中小企業の経営者の方々が，会社謄本を初歩から学ぶくらいなら，その時間は本業に邁進していただき，「餅は餅屋」で，基礎知識を持っている人が，会社謄本の利用法，すなわち【素性を暴き，数字を造る】方法を身に付け，リスクを一括管理したほうが効率的であると考えたからです。

　　　　　＊　　　　　　　＊　　　　　　　＊

本書では，冒頭の二つの追求のうち，「素性を暴く」方法を【分析編】として第１章及び第２章で，もう一つの「数字を造る」方法を【推測編】として第３章で取り上げました。

【分析編】では，「閉鎖謄本の読解・分析が，素性を暴く第一歩」をコンセプトに，実際の詐欺的事件をケーススタディに取り上げながら，要点を解説するスタイルをとりました。それは，次の四つの理由からです。
① どんなパターンの会社謄本が暗躍しているのかを，疑似体験できるようにする。
② 会社謄本の読解・分析方法を，具体的なポイントで明示できるようにする。
③ 実践の場においても，「素性の暴き方」が簡単に再現できるようにする。
④ 事件と会社謄本の関わりを実感してもらい，事件被害者を１人でも減らす。

事件筋の会社謄本は，よく見れば「珍妙な」登記事項になっている場合がたいへん多いにもかかわらず，平然と一般社会で流通しては，詐欺事件の温床になっています。このような現実を，ご存知でしょうか。

こうした事件が何度も繰り返されてしまうのは，結局「詐欺事件」が「閉鎖謄本の読解・分析不足」と比例の関係にあるからだと，私は考えます。

会社謄本の「突っ込みどころ」を知り，ビジネスの常識に照らし，登記事項のどこが具体的に「珍妙」なのか。本編を通じ「突っ込みどころ」を養って，会社謄本を眺められるようになっていただきたいと思います。そうすれば，「こんなバカバカしい登記があってたまるか！」という滑稽で矛盾に満ち溢れた登記事項など，簡単にチェックできるようになると確信しています。

【推測編】では，次の二つをコンセプトにしています。
① 【分析編】の手法が機能しないときは，現在謄本から経営実態を推測し素性を暴く。

② そのために，決算内容や幹部年収の公表データを引用して，対象企業の与信管理を徹底する。

これらコンセプトを実践するために用いた手法が，「政府統計と会社謄本の突合」です。

前半の【分析編】では，会社謄本のみで読解・分析を行いました。たしかに会社の素性を暴くには威力を発揮しますが，経営資源の三大要素である「ヒト・カネ・モノ」が見えてこないという，実は大きな弱点もあります。また，変更登記の少ない会社謄本に対しては，閉鎖謄本分析の効果が期待できないというアキレス腱も抱えています。

そこで後半の【推測編】では，それら弱点を補うために，政府統計と会社謄本をリンクさせて，確からしい決算内容や幹部年収を算出する方法（【数字を造る】）を解説しました。各省庁が公表しているデータは膨大なものがあり，使い勝手の良い統計が多数あります。納税者である以上，これらの政府統計をフル活用しない手はありません。

はたして，平面的なイメージである会社謄本に，奥行きを加えヒト・カネ・モノを具体的にイメージできるスキルの確立を目的としました。

＊　　　　＊　　　　＊

解説の理解を助けるために，図表を多く挿入しました。

文章と対照できるよう資料番号を付しましたが，各章の通し番号にしています。よろしくお願いいたします。

最後に，用語について説明します。

正式には，「会社謄本」という名称は存在しません。登記事項証明書（履歴・現在・閉鎖・全部・一部），コンピュータ化に伴う閉鎖登記簿謄本，法人の登記情報提供サービスなど，その呼称は多岐にわたっています。しかし，法人登記の読解方法をわかりやすく伝えることが最優先と考え，あえて「会社謄本」という通称でまとめました。なにとぞご理解のほどお願いいたします。

本書を通じて,「会社謄本は提出書類」という意識から「会社謄本は調査資料である」という意識へ改まり,企業の与信管理強化に資することができれば,筆者としてこんなにうれしいことはありません。本書を手に取ってくださったお1人1人に役立つことを,心より祈念しています。

2016年（平成28年）6月

中 村 勝 彦

目　　次

【分　析　編】　会社謄本の盲点を知る

第1章　会社謄本は，その会社を見極めるリトマス試験紙
～商道徳があるか？　悪徳会社か？～

1　ビジネスマンは，現在事項証明しか見ていない ……………… 4
2　閉鎖謄本は，ハイド氏 ………………………………………… 6
3　現在謄本を遡ったら，戦後最大の不正事件につながった …… 9
4　閉鎖謄本を知り尽くす人たちとロンダリング ………………… 16
5　必ず「登記記録に関する事項」をチェックする ……………… 19
6　ネガティブ情報とは …………………………………………… 25
7　もう一つの会社謄本ロンダリング …………………………… 30
8　ネガティブ情報を把握したら，コンサルタントはどう活かすか …… 36
9　不可解な登記が，どうして起こるのか ………………………… 39

第2章　会社謄本の盲点と偽装の余地

1　取込詐欺から身を守るには，「会社成立の年月日」を
　　鵜呑みにしない ………………………………………………… 49
2　プロ野球に見る「会社成立の年月日」………………………… 52
3　知らない会社の「会社成立の年月日」に対する心構え ……… 58
4　中身が入れ替わったと判断するには，どこを見るべきか？ … 60
5　会社分割にどんなウラが隠されていたか？ …………………… 65
6　VK社は"会社分割"密集地帯の出身者 ……………………… 69
7　会社分割を悪用した事件から見えること ……………………… 73
8　過去がバレたら具合の悪いVK社 ……………………………… 78
9　VK社の系統図 ………………………………………………… 81

10	虚偽の増資と疑ってみる ……………………………………… 85
11	役員登記日から推測する反社チェック ……………………… 91
12	目的欄から会社の善し悪しを読み解く ……………………… 96

【推　測　編】　会社謄本と他の資料を組み合わせて「数字を造る」

第3章　会社謄本から決算や年収をひねり出してみる

1	政府統計を引用し突破口を開く ……………………………… 111
2	詐欺会社へ対抗するための考え方とアプローチ方法 ……… 117
3	従業員数は，こうして推測 …………………………………… 120
4	売上高の見当をつけ，設備投資余力をつかむ ……………… 124
5	月商・買掛・現預金をベンチマークに，大量発注をチェック …… 127
6	住宅ローンから年収を推測する ……………………………… 135
7	会社謄本から代表取締役の年収を推測する ………………… 140
8	賃貸住まいをしている代表取締役の信用力を判定する 　＜基礎編＞ …………………………………………………… 144
9	賃貸住まいをしている代表取締役の信用力を判定する 　＜応用編＞ …………………………………………………… 150
10	実質経営者が牛耳る会社の代表取締役の実態は …………… 155

コラム①　彼らの発想と金銭感覚 ……………………………………… 46
コラム②　インターネットで会社謄本が取れないケースとは!? ……… 105
コラム③　取込詐欺を俯瞰して思うこと ……………………………… 159

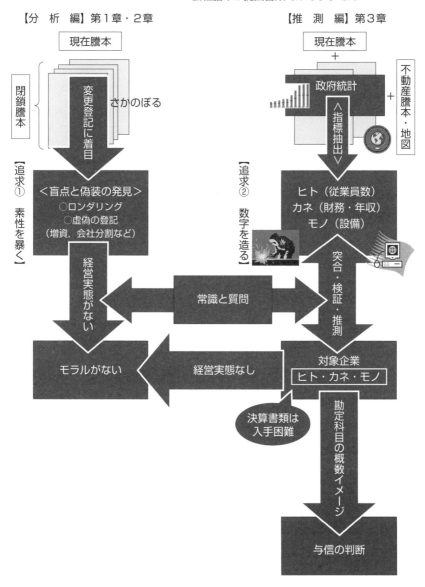

【分　析　編】

会社謄本の盲点を知る

「素性を暴く」と会社謄本の関係図（現在謄本）

☑商道徳があるか？悪徳会社か？

2016／6／1　10：00　現在の情報です

商号	株…
本店	東…
公告をする方法	官…
会社成立の年月日	平成2年2月○日
目的	1　健康食品及び健康機器の販売 2　通信機器及び電子製品の販売 3　日用雑貨及び衣料品の販売 4　食材及び食料品の販売 5　前各号に付帯する一切の…
資本金の額	金1200万円
役員に関する事項	取締役　　　　　Z島　Q男　　　　平成26年10月20日就任
	取締役　　　　　Y田　S彦　　　　平成26年10月20日就任
	東京都品川区××二丁目2番2－202　　平成26年10月20日就任 代表取締役　　　Z島　Q男
支店	（架空登記の余地あり（1章9））　　　平成19年11月○日設置 仙台市泉区○○一丁目1番1号
登記記録に関する事項	平成27年12月22日東京都渋谷区○○八丁目8番8号から本店移転 　　　　　　　　　　　　　　　　　　平成27年12月28日登記

矢印による注記：
- 過去，商号変更を多数行った可能性あり（1章3）
- 同住所に政治団体等，本業と関係ない組織はないか？（2章11）
- 鵜呑みにしない（2章1,2）
- 会社の善し悪しの判断材料（2章12）
- 資本金のでっちあげ（2章5,6）
- 架空登記の余地あり（1章9）
- 「本店移転」から，会社謄本ロンダリングの有無（1章4）
- 「会社分割」にもウラがある（2章5～7）

現本店での経過年月と業歴を比較（2章3）

※1　「登記簿情報提供サービス」の法人情報をサンプルにしています。
※2　編集の都合上，登記事項の一部を省略しています。

第1章 会社謄本は，その会社を見極めるリトマス試験紙

「素性を暴く」と会社謄本の関係図（閉鎖謄本）

☑ネガティブ情報はどこにある？

これは閉鎖された登記簿です

商号	甲乙丙丁株式会社 ← 会社分割の悪用（2章7〜9，コラム②）
	株式会社　PQR
本店	東京都渋谷区○○八丁目8番8号
公告をする方法	官報に記載する
会社成立の年月日	平成2年2月2日 ← 要注意（2章1）
目的	1　コンピューター関連機器の販売及び情報提供サービス業
	1　インターネットを〜〔変更前・後でまったく違う会社目的に入れ替わっていないか？（2章4）〕び情報提供サービス業
	1　通信販売業
	1　国内外投資先の斡〜
	1　介護関連サービス〜　リース業
	1　前各号に付帯する一切の事業
	1　健康食品及び健康機器の販売
	2　通信機器及び電子製品の販売　← 会社目的が全取替なら，変更日が新たな創業日である（2章4）
	3　日用雑貨及び衣料品の販売
	4　食材及び食料品の販売
	5　前各号に付帯する一切の業務
	平成26年10月25日変更　平成26年11月7日登記
資本金の額	金250万円　　平成26年11月20日変更／平成26年11月26日登記
	金700万円　〔500万円以下の増資は架空操作の余地が発生しやすい（2章10）〕　平成26年12月15日変更／平成26年12月20日登記
	金1200万円　平成27年2月2日変更／平成27年2月9日登記

役員に関する事項	取締役　山P▲D夫　　平成5年6月24日重任
〔役員が総入れ替えしていないか？（2章4）〕	平成7年6月30日退任
〔登録日と大幅なタイムラグがないか？（1章6）〕	平成18年3月22日登記

役員に関する事項	川B　G―　　平成22年6月24日重任
〔暴排条例施行前に退任していないか？（2章11）〕	平成23年8月15日退任／平成23年8月25日登記

登記記録に関する事項	平成27年11月30日東京都豊島区○○一丁目1番1号から本店移転　平成27年12月12日登記
	平成27年12月22日東京都新宿区△△九丁目0番0号に本店移転　平成28年1月12日登記／平成28年1月12日閉鎖
〔本店置籍期間は不自然（超短期）ではないか？（1章5）〕	

登記記録に関する事項	東京都板橋区○○六丁目6番6号　株式会社丑寅XYから分割により設立　平成27年8月24日登記
	平成27年12月22日東京都港区△△五丁目5番5号に本店移転　平成28年2月12日登記／平成28年2月12日閉鎖
〔会社分割にもウラがある（2章5）〕	

＊　下線のあるものは抹消事項であることを示す。

第1章　会社謄本は，その会社を見極める リトマス試験紙
　　　～商道徳があるか？　悪徳会社か？～

1　ビジネスマンは，現在事項証明しか 見ていない

※　ポイント　※
○　"その会社に道徳があるか？"を精査する資料が，会社謄本である。

　ある上場企業の部長さんとお話しをしたときのことです。
　『〇〇部長，御社では会社謄本をどのように活用されていますか？』
　『うーん，会社謄本が取れれば，登記はされているということになるから，とりあえずＯＫかな。あとは本店住所と事業目的を見て，社長の名前を確認するくらいだね。』
　口にこそ出しませんでしたが，上場企業の管理職といえども，会社謄本に対する認識なんてそんな程度なのか，と思いました。
　とはいっても，30代前半までの10年ほど銀行に勤めている間に，数えきれないほどの会社謄本や不動産謄本を見てきましたが，お客さまからいただいた謄本類を，単なる確認資料とだけしか利用していませんでしたから，私も偉そうなことはいえないのです。
　新社屋を竣工して本店が新しい住所になった，先代が隠居して二代目が社長になった，株主総会で新しい役員が就任した，社名を現代風のヨコ文字に改めた・・・，そうした変更がきちんと登記されているかを確認するためだけに，会社謄本を見る。会社謄本にそれ以上の意味があるとも考えていませんでした

し，現在事項証明書に記載されている情報以外に何の値打ちもないと思っていました。銀行員だったころの私は，恥ずかしながら，冒頭の部長さんよりもはるかに認識不足だったでしょう。

　調査の業界で働くようになると，会社謄本は，「その会社が善良か？　悪徳か？　をあばくための資料であって，その善悪を解明するヒントは閉鎖事項証明書（以下，閉鎖謄本とします）にこそある」という感覚を持つようになりました。

　大手調査会社にも情報がないような会社の信用調査を依頼されると，いの一番にすることは会社謄本の取得です。会社謄本といえば，現在事項証明書（以下，現在謄本とします）だけではありません。さらに，その会社が辿ってきた道筋をトレースするように閉鎖謄本を追いかけていきます。

　銀行に勤めていた頃は，取引先に何らかの変更が生じたときに，その変更を確認するための公にされた資料が会社謄本であり，それ以外の利用目的など，考えたこともありませんでした。

　しかし，当時の私が間抜けだったわけでもなく，ほかの銀行員にしても，会社謄本に対する認識は，私と大して違わなかったでしょう。銀行員にとっては，決算書の分析と担保評価が最大の関心事でしたから，そんな環境が狭い見方にさせていたのだと思います。

2 閉鎖謄本は，ハイド氏

※ポイント※
○ 現在謄本だけしか見ていないと，コンサルタントは足元をすくわれる。

　「ジキル博士とハイド氏」という19世紀のイギリスを舞台にした有名な小説があります。温和で紳士な科学者「ジキル博士」は，自ら発明した薬を飲むと粗暴で醜悪な「ハイド氏」に豹変し，夜な夜な悪事を働く・・・，といった極端な二重人格者をモチーフにしたお話しです。
　前項1で，「会社謄本といえば，現在謄本しか見ていなかった。」と述べましたが，かつての私は，まさに会社謄本の「ジキル博士」しか見ていませんでした。表面は善人なのに本性は極悪人，という二重人格的素養を備えた会社が，取引先に紛れ込んでいる可能性があるなどと，すこしも考えたことはありませんでした。それでもトラブルに見舞われることなく銀行員として過ごせたのは，取引先が優良な会社ばかりだったからです。
　『雲一つない晴天の日に，雨傘を売りに来るのが銀行屋さんだよね。』
　よく皮肉られたものですが，たしかにノンバンクの与信に比べると，銀行は貸出基準を徹底的に狭くしていました。なるべくリスキーな会社へは融資をしないようにして，トラブルを未然に防いだというわけです。
　『えっ！こんなにおいしくて，間違いのない貸金案件を断わるんですか？』
　稟議を書いた担当者の私ですらビックリ仰天，なんてこともあったくらいで，とにかく狭き門をパスした質のよい会社だけと取引をしていましたから，ずいぶん手厚く保護された環境にいたものです。
　したがって，取引先は二重人格者であるわけがなく，現在謄本たる「ジキル博士」は，そのまま取引先の本当の姿でもあったわけです。
　ところが調査の世界に身を置いていますと，「調べてほしい」という調査対象先は，銀行の顧客とは格段の違いです。調べる前から，怪しげな匂いがプン

第1章 会社謄本は、その会社を見極めるリトマス試験紙

プンする会社ばかりです。

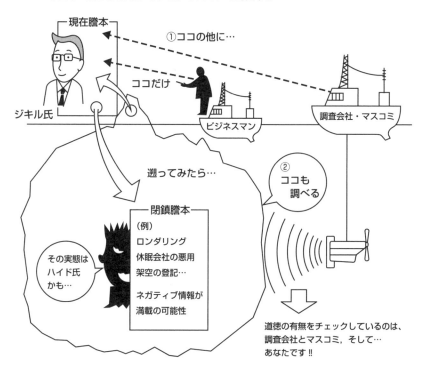

 とはいえ、悪事を働こうとしている会社が、初めから本性をむきだしにするわけがありません。最初から「ハイド氏」とわかっていれば、被害者が発生することも、調査会社に「調べてくれ」と依頼がくることもありません。だからこそ、彼らは本性を現さず、必死に「ジキル博士」を装っているのです。
 それでも取込詐欺のような事件は、いつの時代になってもなくなりません。年末や年度末になると、新聞の社会面や大手調査会社の機関誌には、取込詐欺の記事が掲載されるものです。どうしてなのでしょうか。悪事を企てる側になって考えてみると、彼らはきっと、「ビジネスマンは、会社謄本の現在謄本だけしか、関心を払わない。」こう考えているに違いありません。

そうとわかっていれば，閉鎖謄本にどんなネガティブ情報が載っていようが，「ジキル博士」たる現在謄本さえ見栄え良く細工しておけばいいのです。閉鎖謄本のことなどお構いなしなのでしょう。

しかし調査会社の立場からすると，取込詐欺犯が細工する会社謄本を見破るのは，そんなに難しいことではありません。単純に閉鎖謄本を追っていけば，必ずわかることなのです。「閉鎖謄本を追う」だけで，「この会社，取込詐欺の会社謄本に似ているな」そう気付くことができるのに，ほとんどのビジネスマンは，「閉鎖謄本を追いかける」という手法をご存じないのです。

私は，商工会議所で「会社謄本の読解法」のセミナーをするとき，"取込詐欺事件では会社謄本がどのように悪用されているのか"を毎回紹介しています。セミナー後に回収したアンケートを見ますと，大半の方々が「目からうろこでした」「初めて知りました」と書いてくださいます。それも毎回です。みなさんの与信管理は，本当にこれでいいのだろうか・・・，と焦燥感を覚えるほどです。

このように，会社謄本には「ジキル博士」と「ハイド氏」のような二重人格的要素があることを，多くのビジネスマンは知らないのです。私は，取込詐欺がいつになっても絶滅しない原因は，この「知らないこと」にあるのだと考えています。

3 現在謄本を遡ったら,戦後最大の不正事件につながった

※ ポイント ※
○ たった1,000円の会社謄本取得代金が,未公開株詐欺の被害を食い止める可能性だってある。

いささか前の話しですが,未公開株詐欺事件を伝える新聞記事を見ました。商工会議所で「会社謄本の読解法」のセミナーを主宰している私は,こうした記事を切り抜いては,事件当事者の会社謄本を実際に入手するようにしています。

そして,登記の特徴をさまざまな角度から分析し要点をまとめて,セミナーで紹介しています。もちろん,ビジネスに従事しているみなさんへ注意を喚起するためです。

新聞記事で事件のあらましを見ていきましょう(筆者要約)。

****

未公開株「値上がり確実」 発行側の会社ら逮捕 詐欺容疑

○○社などの未公開株を無登録業者が販売したとされる事件で,愛知県警は21日までに,「値上がり確実」と偽って株を販売したとして,東京都中央区の投資顧問会社「W」の社長××容疑者と幹部5人を詐欺容疑で逮捕した。

W社は,全都道府県の2800人に計12銘柄を販売し,計約33億1千万円を売り上げていたという。

(2007年(平成19年)2月21日 朝日新聞 夕刊)

****

今日では,登記情報はインターネットから取ることができますので,さっそく会社謄本の現在謄本をダウンロードして,プリントアウトしました(資料1)。W社の業歴は古く,資本金も数千万円とそれなりに大きい,見栄えの良い「ジ

キル博士」的な体裁が整えてあります。

　詐欺会社は,「ハイド氏」のような邪悪で粗暴な性質は表に出せませんから,本店を頻繁に移転させるという手段を用います。ネガティブな過去を示す登記情報を暴かれにくくするため,短期間にアチラコチラへ本店を移すのです。

　このW社もご多分に漏れず,中央区に本店を置いてから,さほど時間が経過していません。現在謄本の「登記記録区」をチェックすると,前の本店は江戸川区になっています（資料2）。私は,W社の「ハイド氏」的な登記情報が見つからないかと,閉鎖謄本を取ってみました。

　案の定,江戸川区に本店があった時代の閉鎖謄本を取得すると,社名が違っていてN社という商号でした（資料3）。会社の目的もかなり変更されています。現在謄本と比べてみると,同じ会社とは思えない変貌ぶりです。そして江戸川区の前は,千代田区に本店を置いていたことがわかりました（資料3の「登記記録に関する事項」）。

<資料1>

東京都中央区△△一丁目1番1号
株式会社　W
会社法人等番号　0199-XX-XXXXXX

商号	株式会社　W
本店	東京都中央区△△一丁目1番1号
公告をする方法	官報に記載してする
会社成立の年月日	昭和49年7月○日
目的	1　ゴルフ会員権・リゾート会員権等の販売
資本金の額	金4800万円

＊　下線のあるものは抹消事項であることを示す。（以下,同じです）

第1章 会社謄本は、その会社を見極めるリトマス試験紙

＜資料2＞

会社成立の年月日	昭和49年7月○日
登記記録に関する事項	平成17年1月27日東京都江戸川区○○三丁目3番3号から本店移転 平成17年2月3日登記

記事は2007年（平成19年）2月。会社成立の年月日は昭和49年7月なので、会社成立して30年以上だが、東京都中央区に本店を置いてからは、2年（平成17年1月～平成19年2月）しか経過していない。

＜資料3＞

これは閉鎖された登記簿です。

東京都江戸川区○○三丁目3番3号
W株式会社
会社法人等番号　0117-XX-XXXXXX

商号	N株式会社	
	W株式会社	平成16年5月31日変更 平成16年8月17日登記
本店	東京都江戸川区○○三丁目3番3号	
公告をする方法	官報に記載してする	
登記記録に関する事項	平成14年5月31日東京都千代田区神田○×町5番地5－5から本店移転 平成14年6月20日登記	
	平成17年1月27日東京都中央区△△一丁目1番1号に本店移転 平成17年2月8日登記 平成17年2月8日閉鎖	

　千代田区時代の閉鎖謄本まで遡ると、また商号が変わっていました（資料4）。その商号はXエンタープライズ。私はこのXの文字を見たときに、自分の目を疑いました。戦後最大の不正経理事件といわれた「イトマン事件」、その事件でしばしば取りざたされた会社だったからです。まさに、事実は小説より奇なり。Xエンタープライズ社の代表取締役をネットで検索したところ、きわめて筋のよろしくない方であるとの情報にも行き当たりました。

<資料4>

これは閉鎖された登記簿です。

東京都千代田区神田○×町5番地5-5
N株式会社
会社法人等番号　0199-XX-XXXXXX

商号	株式会社　Xエンタープライズ	
	N株式会社	平成12年7月10日変更 平成12年7月21日登記
本店	東京都千代田区▽▽町六丁目6番6号	
	東京都千代田区神田○×町5番地5-5	平成12年7月15日移転 平成12年7月21日登記
公告をする方法	官報に記載してする	
会社成立の年月日	昭和49年7月○日	
目的	1　ゴルフ場の開発並びに経営 2　不動産の売買，仲介並びに管理 3　ホテル，飲食店の経営 4　旅行に関する企画並びに斡旋 5　貴金属，宝石，アクセサリー，衣料及び日用品雑貨の販売 6　上記各号に付帯する一切の業務	
	1　電子部品の販売及び輸出入	

　朝日新聞のほか産経新聞でも，この「未公開株事件」の手口や顛末について報道していましたが，「X」を含めた不正経理事件にはまったく触れていませんでした。おそらく，ここまで閉鎖謄本を追っかけた物好きは，私くらいのものだったのでしょう。取材をした新聞記者は，W社の延長線上によもやイトマン事件の関係者が登場してくるとは，想像もしなかったのではないでしょうか。

　さて，ここで大事なことは，あなたがこの未公開株詐欺の被害者にならないため，会社謄本をどう活用するかです。あるいは，このうさん臭い儲け話に乗りそうになっている人たちへ，会社謄本を示しながら「これは詐欺なんですよ！」と説得し，目を覚まさせるということです。したがって，未公開株を扱っているこのW社の，どこの部分が具体的に信用に足らないといえるのかを，見極めなければなりません。

　記事によると，「W社は，名簿をもとに，電話やダイレクトメールで投資家らを勧誘していた。県警は，未公開株を取り扱う業者のなかでも売り上げは

第1章　会社謄本は，その会社を見極めるリトマス試験紙

トップクラスだったとみている。」と書かれています（朝日新聞）。被害総額が33億円，被害者数2,800人にも及び，1人当たりの平均被害額は約120万円と，とんでもない事件です。

このとんでもない事件の被害者を1人でも多く減らすために，会社謄本を使ってこんなコンサルをしてもらえたら・・・というイメージで，ストーリーを考えてみました。

　　　　　　　＊　　　　　　　　＊　　　　　　　　＊

ある日，税理士のあなたに，顧問先のA社長からこんな相談の電話がありました。

『もしもし，先生。あの〜，一昨日ね，どうやって私の番号を調べたのか知らないんだけど，「未公開株を買いませんか？」っていう電話があったんですよ。「投資顧問会社でW社と申します」と，意外と応対がしっかりしていてね。』

『W社なんて聞いたことのない会社だし，ひやかし半分だったんだけど，聞くほどに実においしそうな話なんですよ。「この株に投資をしておけば，秋ごろには東証マザーズに上場して，初値は販売価格より値上がりが確実だ」と，かなり具体的な説明だし。』

『近頃じゃ，資産運用といっても金利なんて高が知れているし，120万円くらいなら投資してみてもいいかなと思っているんですよ。この話，先生はどう思います？』

そんな相談を持ちかけられたあなたは，（・・・そんなうまい儲け話があるわけないでしょ。詐欺に決まっているじゃないですか！）と直感します。しかし，その気満々の社長に，『詐欺だから，おやめなさい！』といったところで，聞く耳を持ってくれそうもない。

あらましを聞いたあなたは，

『わかりました。私のほうでもW社のことを調べてみます。情報が集まったところで，ご連絡しますから，まだその投資話は進めないでくださいよ。いいですね，社長！』

そう伝えて，電話を切りました。「やれやれ」と思いながら，すっかり熱くなってしまったＡ社長の頭を冷やすには，客観的なデータを示して『・・・だから，おやめなさい。』と説得するよりほかなさそうです。そう思い直して，あなたが日ごろ利用している「登記情報提供サービス」にアクセスしました。検索画面にＷ社の情報を入力すると，検索結果が表れます。早速，Ｗ社の会社謄本をダウンロードし，プリントアウトしました。

　『会社設立の年月日は昭和49年・・・，いかにも老舗の雰囲気っぽいな。資本金は4,800万円・・・，意外とあるね。本店は中央区か。これならＷ社は悪くない会社と思うけど，「ジキル博士」的な現在謄本に見せているかもなぁ。』（資料１）

あわせて検索したストリートビューでは，本店住所は東京証券取引所のそばで，投資顧問業をするには，お誂え向きの立地です。

　そして，あなたは会社謄本の最後尾部分の「登記記録区」をチェックします。
　『あっ，中央区の前は江戸川区が本店か・・・。』（資料２）

　Ｗ社は，二重人格者なのか？　そうではないのか？　を確かめなければなりません。それを見極めるためには，閉鎖謄本が必要になります。あなたは，テキパキと会社謄本のチェックを行い，結局閉鎖謄本を２通（資料３・４）取ることになります。江戸川の閉鎖謄本を取得したら，さらに本店が変わっていたからです（取得した会社謄本は現在謄本が１通に，閉鎖謄本が２通。費用は@337円×３通＝1,011円）。

　そして，あなたが，閉鎖謄本から拾い集めた情報を列記したものが，以下の(1)〜(4)です。

(1)　Ｗ社は「千代田区　→　江戸川区　→　中央区」という本店移転を辿っていた。

(2)　Ｗ社は社名を何度か変えている。「Ｘエンタープライズ社　→　Ｎ社　→　Ｗ社」の順である。

(3)　「Ｘエンタープライズの「Ｘ」は戦後最大の不正経理事件で取りざたされた会社である。

(4) 本店移転や社名変更は，4年間のうちに行われている。

『ポイントは，(3)をいかにうまく伝えるかだな・・・。』

ひとりごちて，A社長の携帯電話へコールします。

『・・・さきほどのご相談ですが，率直に申し上げますと，お断りになるのが賢明かと思います。』

予想以上に早いレスポンスに驚きを見せたA社長ですが，『やめろという理由を教えろ。』と不満タラタラのA社長へ，あなたは矛先を変えて説明を続けます。

『社長，イトマン事件って覚えていらっしゃいますか。いわくつきのフィクサーが登場したり，仕手株の対象になった「X」という会社が新聞に出て，大騒ぎになった事件ですが・・・。』

『今，俺が聞きたいのは，投資の話を断る理由だ！ そんなの知っているに決まって・・・。』

吠える社長を遮って，あなたは続けます。

『W社の前身は，その「X」の関連会社ですよ。閉鎖謄本で両社のつながりを確認しましたから，あとでPDFにしてメールでお送りしておきましょう。』

逆ねじを食わされたA社長は，二の句が継げません。

『これが投資を断れという理由です。顧問税理士としていわせていただくなら，到底おすすめできる話ではありません。投資を勧める会社を遡ったら，悪名高い事件当事者に行き当たるのです。それでも，危ない橋を渡りたいとおっしゃるなら，自己責任で投資されてください。・・・あっ，社長，それからこの件，謄本の取得代金1,011円だけは，あとで請求させていただきますので，お取り計らいくださいね。よろしくお願いします。』

＊　　　　　＊　　　　　＊

会社謄本は，その会社に「商道徳があるのか？ それとも悪徳会社か？」を見極めるリトマス試験紙だと，私は思っています。そんな一端を，この事件から感じていただけましたでしょうか。

4　閉鎖謄本を知り尽くす人たちとロンダリング

※ ポイント ※
○ マネーロンダリングがあるように，会社謄本ロンダリングという，以下の目的で本店の移転を頻繁に繰り返す手法がある。
　① ネガティブ情報を閉鎖謄本に封じ込める。
　② ネガティブ情報を現在謄本から遠ざける。
　③ 後追いをさせにくくして，ネガティブ情報の存在を隠匿する。

　もう少しW社の事件について，考えてみましょう。
　未公開株を持ちかけられた立場から，会社謄本を見てみます。閉鎖謄本を遡ったら，W社の前身がイトマン事件の当事者X社とつながったことを確認できました。したがって，この話には関わらないほうがいい。そういう立てつけになります。
　では逆に，W社の立場から，この会社謄本を見たらどうでしょう。「W社を遡るとX社の関係会社に行き着く」という過去は，知られないほうがいい。こんな過去は，セールスの邪魔になるだけです。よって，W社の勧誘部隊が，『弊社の前身は，イトマン事件に登場した会社につながるんです。』などと口を滑らすはずがありません。会社謄本も同じです。ネガティブな情報が会社謄本を通じて人目に触れてはまずいことになります。それでは，インチキな未公開株を売りつけることができなくなります。そもそもW社のような輩は，「普通は現在謄本しか見ない」ことをよく知っていますから，「現在謄本」は「ジキル博士」チックな登記情報に整えて，ネガティブな過去は「閉鎖謄本」という物置に閉じこめておくというわけです。
　「マネーロンダリング」という言葉を耳にされたことがあると思います。不法に稼いだ資金を，短期間に口座から口座へ送金を繰り返して，資金の出処をわからなくする手段です。

第1章　会社謄本は，その会社を見極めるリトマス試験紙

　詐欺や悪徳商法を得意とするグループは，このマネーロンダリングと似た考え方で，本店移転を頻繁に繰り返し，ネガティブ情報が載っている登記の出処をわかりにくくしてしまいます。「会社謄本ロンダリング」といってもいいでしょう。ネガティブ情報がある閉鎖謄本を，現在謄本からどんどん遠ざける，まさに，これが目的です。しかし，会社謄本ロンダリングは，やり口が単純です。本店移転を頻繁に繰り返すだけですから，丹念に会社謄本を遡っていけば，必ずネガティブ情報にたどり着くことができます。後追いが難しいマネーロンダリングとは，この点が大きく違います。

　さて，こういう会社謄本の仕組みを熟知しているのは誰でしょうか。W社のような詐欺集団は当然として，その対極にいるわれわれ調査会社もそうです。そして，マスコミです。注意して新聞や雑誌を見てみると，閉鎖謄本を追いかけて取材をしているな，という記事に遭遇します。

　実際の新聞紙面に，『経営実態のない会社を使って偽の取引を持ちかけ，・・・容疑者らは19年1月，都内の休眠会社を移転する形で，豊島区内に「Ｓ」を登記』（2009年（平成21年）6月24日　産経新聞　社会面）や，『隠し所得の中には，渋谷の地上げで，Ｃ元社長が代表を務める休眠状態の宗教法人「Ｚ」の名義で買い取った不動産の転売益を申告しなかった分も含まれ，・・・』（2009年（平成21年）1月29日　朝日新聞　社会面）などとあり，会社謄本の閉鎖謄本を入手して，取材を行っているのが見て取れます。また，月刊誌の記者をしている知人からも，会社謄本の見解について質問を受けたこともありました。閉鎖謄本を掘り起こしてネガティブ情報を記事にすることは，取材現場の定石といえそうです。

　余談ですが，以前にジョイント企画で一緒に講演をした組織犯罪担当の刑事の方は，私のセミナーを聞いて感心していたくらいで，会社謄本の知識をあまりお持ちではありませんでした。ただ，担当部署によっても違うでしょうから，一概にはいえないでしょうし，もっとも警察には捜査権がありますので，会社謄本を丹念に読み込むよりも他になすべきことが山積みか，と思い直しました。

いずれにせよ，詐欺集団・調査会社・マスコミ・・・，詐欺を同列にするのは，正直いかがなものかとは思いますが，とにかくお伝えしたいのは，これら三つの立場にあるものは，それぞれの立場から閉鎖謄本の重要性を知り尽くしているということです。

　もちろん，あなたやあなたの顧問先へ，調査会社やマスコミとまったく同じ目線で，閉鎖謄本を活用してほしいとも思いません。慣れない人が見出したら，かえって混乱するばかりです。しかし，閉鎖謄本にはネガティブな情報が眠っているのも事実です。そのネガティブ情報を相手に突きつけることで，詐欺や怪しげな商法から身を守る手段になる，そんな活用方法があることを，ぜひ認識していただきたいと思います。

5 必ず「登記記録に関する事項」をチェックする

※ ポイント ※
① 現在謄本を手にしたら，最初に「登記記録に関する事項」をチェックする。
② 本店置籍期間が超短期（2～3週間，あるいはそれ以下。1日ということもある）の会社謄本を目にしたら，詐欺的手法を警戒し，相当の注意を以てあたるべし。

　前項4で，会社謄本の閉鎖謄本は，詐欺会社から見れば「世間には知られたくない情報が登記されている」もの，反対に調査会社やマスコミからすれば，「悪巧みの本性を暴くネガティブ情報が登記されている」もの，とみなすことができると述べました。悪巧みの本性，すなわち「ハイド氏」です。
　では，閉鎖謄本のネガティブ情報とは，どんな登記情報を指しているのかを説明をしていきます。ここでも，登場するのは未公開株を取り扱った詐欺事件です。その会社謄本を実際に手に入れて，その閉鎖謄本を分析してみることにします。新聞記事で事件のあらましを見ていきましょう（筆者要約）。

****
　　未公開株で34億集金　「上場予定」直前　全社員が"失跡"
　「近く上場予定で株の値上がりは確実」として，自社の未公開株の譲渡を持ちかけた東京の廃棄物リサイクル会社の全社員が，「上場予定」としていた2月直前に"失跡"していたことが1日，分かった。株主らによると，未公開株の購入者は少なくとも約450人で，同社は1年で約34億円を集めたという。同社と連絡が取れない状態で，株主からは「大がかりな投資詐欺では」として刑事責任を追及する動きも出ている。
　この会社は，東京都千代田区東神田の「K」（Q社長）。株主らによるとQ社長の指示で平成19年秋ごろから20年12月にかけて未公開株の譲渡が行われた。
　　　　　　　*　　　　　*　　　　　*

「K」に大金を投じた株主らはいったんは出資を断りながら、巧妙に勧誘されていた。
　「21年2月に上場予定。今なら格安で株を分けることができます」
　平成20年7月、大阪府内の50代男性の自宅に、K社の株式上場準備室から電話があったが、「不審な勧誘のたぐいか」と断った。
　その直後、今度は株式ブローカーを名乗る男から電話があり、「未公開株を高く買い取ります」と持ちかけられた。男が「優良株」として挙げた企業の中に「K」の名前があった。「そこなら10株300万円でも買います」。K社が提示した譲渡額は10株50万円。「そんなにいい株なら」と、男性は計250万円を投資した。

（2009年（平成21年）3月2日　産経新聞　社会面）

＊＊＊＊＊＊＊＊＊＊＊＊＊＊＊＊＊＊＊＊＊＊＊＊＊＊＊＊＊＊

　未公開株を購入させるため、セールストークが巧妙です。火つけ役、その火を炎上させる役のマッチポンプには感心します。一攫千金という心理を喚起させ、その感情を暴走させれば、この儲け話にストップをかけるのは容易ではありません。暴走したがっている感情には、とにかく「理屈」で対抗していく他ないでしょう。それならば、上場するというK社の矛盾点を明らかにしていかなければなりません。そのための理屈が、会社謄本の閉鎖謄本にあるはずです。
　記事にあるK社の株を買う気になっている大阪府内の50代男性は、あなたの顧問先の社長さんだとしましょう。この社長さんの目を覚ませる役割を担っている気持ちで、読み進めてみてください。

第1章 会社謄本は、その会社を見極めるリトマス試験紙

<資料5>

2009/3/2 13:20 現在の情報です
東京都千代田区東神田○丁目×番△号
K株式会社
会社法人等番号 0199-XX-XXXXXX

商号	K株式会社
本店	東京都千代田区東神田○丁目×番△号
公告をする方法	官報に記載してする
会社成立の年月日	昭和63年12月○日
目的	1 プラスチッより石油製品の再生、回収
資本金の額	金7億7000万円
新株引受権付社債	第1回新株引受権付社債 　新株引受権付社債の総額 　　金1億円 　新株の引受権の行使によって発行すべき株式の発行価格の総額 　　金1億円
登記記録に関する事項	平成18年4月4日大阪府羽曳野市▽▽五丁目5番5号から本店移転 平成18年4月20日登記

現在謄本を手にしたら「登記記録区」を一番先にチェックすべし！

　K社の現在謄本を見てみましょう（資料5）。普通の人なら、「上場予定もありうるかな？」という気にさせてくれる登記になっています。東京のど真ん中の千代田区に本店を置き、会社成立は昭和63年（事件が発覚した平成21年（2009年）3月2日時点で創業20年）と、それなりに歴史があります。しかも資本金が7億7,000万円、株式上場前の割には、資本金が充実しています。ダメ押しが、「新株引受権付社債」についての登記です。まさに、「ジキル博士」らしい現在謄本です。

　「上場するのでは？」という雰囲気の漂う現在謄本ですが、あなたが現在謄本を手にしたら、一番最初に見ていただきたい箇所があります。末尾の「登記記録に関する事項」です。数多くの調査事業に関わってきた経験から身に付けたのですが、お勧めのチェック方法です。というのは、現在謄本と閉鎖謄本を

21

唯一橋渡ししている役割が，この「登記記録に関する事項」だからです。ここには，本店が他所から移ってきたのであれば，直前の本店住所はどこで，いつ現在の本店に移ってきたか，が表示されます。したがって，閉鎖謄本の有無がチェックできるのです。

　K社の現在謄本の登記記録区には，「平成18年4月4日大阪府羽曳野市▽▽五丁目5番5号から本店移転」と記載されていました。現在謄本を取得したのは，「平成21年3月2日」(新聞記事の掲載日)です。大阪から千代田区東神田に本店を移して，ほぼ3年が経っています。

　業歴が20年を経過するK社は，近々上場予定だということです。一般的に，企業が上場しようと決め，社内に上場準備室を設置し，株式公開を実現できるまで，早くても4〜5年はかかるのではないでしょうか。また，上場を目指しても，すべての会社に株式公開が叶うわけではありません。上場計画が頓挫してしまうことも，よくある話です。そう考えると，そんなに大変な上場準備期間に本店を大阪から東京へ移転するのですから，これは一大事です。現在謄本だけではなく「登記記録区」から閉鎖謄本をとって，大阪本店時代にはどういう登記情報があるかを確認すべきでしょう。

　私が30代前半の頃までは，会社謄本を取るには法務局まで出かけて入手するか，郵便で送ってもらうかの方法しかありませんでした。しかし今や，パソコンさえあれば全国の謄本が取れる時代です。大阪まで行く手間もいらなければ，郵便を何日か待つ必要もありません。「登記情報提供サービス」にアクセスする手間だけです。面倒がらずに，閉鎖謄本を取ってください。

第１章　会社謄本は，その会社を見極めるリトマス試験紙

<資料６>

これは閉鎖された登記簿です。

大阪府羽曳野市▽▽五丁目５番５号
Ｋ株式会社
会社法人等番号　　１２２３－××－××××××

商号	Ｋ'株式会社	
	Ｋ株式会社	平成18年４月１日変更
		平成18年４月18日登記
本店	大阪府羽曳野市▽▽五丁目５番５号	
公告をする方法	官報に記載してする	
会社成立の年月日	昭和63年12月○日	
目的	１　プラスチッヽより石油製品の再生，回収	
登記記録に関する事項	平成18年３月17日兵庫県相生市▽▽７７７番地７から本店移転	(1)
	平成18年３月23日登記	
	平成18年４月４日東京都千代田区東神田○丁目×番地△号に本店移転	(2)
	平成18年４月21日登記	
	平成18年４月21日閉鎖	

　というわけで，羽曳野市に本店があったＫ社の閉鎖謄本を取得しました（資料６）。プリントアウトした閉鎖謄本を冒頭の「商号欄」から字面を追っていきます。現在謄本の内容と大差ないようだ・・・と，最後の「登記記録に関する事項」へ目をやりますと，これはびっくり仰天です。
　「平成18年３月17日兵庫県相生市▽▽777番地７から本店移転」・・・(1)
　「平成18年４月４日東京都千代田区東神田○丁目×番地△号に本店移転」
　　　　　　　　　　　　　　　　　　　　　　　　　　　　　　　・・・(2)
　(2)は東神田から遡りましたから，こういう登記になります。
　問題なのは，(1)から(2)までの日数です。羽曳野市に本店があったのは，３月17日～４月４日，もちろん同じ平成18年です。本店をたった19日間しか置いていない，これは異常です。とはいえ，実際こういう登記になっているのですから，「19日間だけ羽曳野市に本店を置く意味が何かあるはずだ・・・」と一応考えてみました。取引先への通知，電話番号の変更，名刺の印刷・・・，しかしいくら考えても，この本店移転の理由が思い浮かびません。
　ところがＫ社にすれば，超短期間での本店移転には大いなる理由があります。

前項4の「会社謄本ロンダリング」を思い出してください。K社には「世間に知られるとまずい情報が登記されている。だから，このネガティブな登記情報を，現在謄本から徹底的に遠ざけておかないと・・・。」といった差し迫った事情があります。そのために，「会社謄本ロンダリング」を行って，ネガティブ情報に蓋をしておきたいという意識が働きます。K社に経営実態がないことは，内部にいる者は知っています。そもそも地道に働こうとなどと考えていないのです。そんな会社が，「本店がフラフラしている会社は，対外的な信用を失くす」などと考えるわけがありません。

　結論をいうと，詐欺事件には，きわめて短期間（資料6のK社は19日間）しか本店を置いていない会社が，よく登場します。知られたくないネガティブ情報を封じ込めるため，会社謄本ロンダリングを行うからです。逆にいえば，「登記記録に関する事項」を見て，本店を超短期間しか置いていないのがわかったら，その会社には慎重に対応にあたるべきだろうと思います。
　K社の謄本を見ていくにあたって，「あなたは，K社の株を購入するつもりの男性の目を，覚ます役割を担っている気持ちで読み進めてください・・・」と述べました。ではこの時点で，あなたはコンサルタントとして何をしてあげるべきでしょうか。私がコンサルタントだったら，こうすると思います。
　会社謄本を遡り，羽曳野市にK社の前本店が，19日間しかなかった事実を把握します。この事実がわかっても，未公開株を買うつもりの男性には，すぐには伝えません。そのタイミングは，K社の営業担当者を呼び，この男性と同席させたときでしょうか。
　『どうして御社は本店が19日間しか置いていなかったのでしょうか？
　　株を購入する前にわかるように，説明してくれませんか？』
　私たちにどれくらい納得いく説明をしてくれるのか，"お手並み拝見"というところでしょうか。

6 ネガティブ情報とは

※ ポイント ※
① 役員登記にタイムラグが見られるときは，倒産状態にあった休眠会社を悪用した可能性（ネガティブ情報）がある。
② どうして，そのような登記が過去にあったのか，その理由を納得いくまで聞くべし。

「K社の本店置籍期間が超短期」，これはネガティブ情報です。しかし，この情報よりも，さらに都合の悪いネガティブ情報が，K社の閉鎖謄本に隠されています。

本店が羽曳野市の閉鎖謄本の「登記記録に関する事項」をチェックすると，兵庫県相生市がその前の本店であることがわかりました。そこで，兵庫県相生市に本店が置かれていたときの閉鎖謄本を取得してみました（資料7）。

<資料7>

これは閉鎖された登記簿です。

兵庫県相生市▽▽777番地7
K'株式会社
会社法人等番号　1223-XX-XXXXXX

商号	KIR株式会社	
	KR株式会社	平成2年1月30日変更
	K'株式会社	平成18年3月9日変更 平成18年3月22日登記
本店	兵庫県相生市▽▽777番地7	
公告をする方法	官報に記載してする	
会社成立の年月日	昭和63年12月〇日	
目的	1　プラスチックより石油製品の再生　回収	
役員に関する事項	取締役　　　　　〇〇　××	平成5年6月24日重任
		平成7年6月30日退任 平成18年3月22日登記
	取締役　　　　　□□　▽▽	平成5年6月24日重任
		平成7年6月30日退任 平成18年3月22日登記
	取締役　　　　　△△　〇〇〇	平成5年6月24日重任
		平成7年6月30日退任

以下数名の取締役が，同日付退任，同日付登記となっている

　K社がこの相生市に本店を置いていた時代の「役員に関する事項」，いわゆる「役員欄」に目をやりますと，実に不可解な登記を発見することができました。役員の大半が入れ替わっているのです。もちろん，M＆Aなどの企業買収といったケースで，役員が入れ替わることはあるのですが，このK社の場合は，様相がまったく違います。

　数名の取締役と監査役が，平成5年に重任，平成7年に退任となっています。ところが，この「退任」の登記は，平成18年にされています。

<資料8>

		平成18年3月22日登記
兵庫県姫路市□□□888番地8 代表取締役　○○○　□□		平成5年6月24日重任
		平成7年6月30日退任 平成18年3月22日登記
神奈川県横浜市××区△△△二丁目2番2号 代表取締役　▽▽　×××		平成5年6月24日重任
		平成7年6月30日退任 平成18年3月22日登記
大阪府羽曳野市▽▽五丁目5番5号 代表取締役　□□　○○		平成18年3月9日就任 平成18年3月22日登記

（タイムラグの怪）退任してから登記まで10年以上経過しているのはなぜか？

　さらに，代表取締役についても見てみましょう（資料8）。共同代表となっている2名の代表取締役，この2人も他の取締役と同様に，平成7年に退任したことが平成18年に登記されています。そして，平成18年の同日付で新社長が就任した旨も登記されていました。

　前社長が平成7年に退任したことが，平成18年に登記されて，後任の社長が平成18年に就任したことも同時に登記された・・・。では，社長不在であった空白の11年間をどう解釈すべきか，という疑問が湧いてきます。はたして，このK社はとてものんびりとした社風であったから，11年間も社長不在だったことを社員がまったく気が付かずに営業を続けていた・・・，と解釈すべきなのでしょうか。いやいや，そんなバカな話が通用するわけがありません。社長がその職を辞したら，次期社長が時を置かずに就任するのは，企業が正常に活動していれば当たり前です。

　こうして「タイムラグ」の理由を考察していくと，K社は平成5年～平成7年の間に，残念ながら倒産状態に陥ってしまった，とみなすのが妥当でしょう。倒産状態に陥るわけですから，手元資金だってありません。わざわざお金を使って会社清算の登記などするはずがありませんし，いきおい登記もほったらかしになります。

　以上が，後任社長が平成18年に登記されるまで，K社は経済活動をまったく

行っていない「休眠会社」であったとみなす根拠です。ちなみに閉鎖謄本を確認すると，7億7,000万円という資本金の額や，上場に向けて整えたのであろう新株引受権付社債もすべて，K社が休眠状態に陥る以前に登記されたことであることも確認できました。

「平成5年～7年以降平成18年までは，倒産状態のまま10年以上も休眠会社だった」これこそが，詐欺的手法で未公開株の販売に手を染めていたグループにとって，いちばん知られたくない「K社のネガティブ情報」といえるでしょう。

未公開株が販売された時期は，「株主らによるとQ社長の指示で平成19年秋ごろから20年12月にかけて」（産経新聞）ですが，前述のネガティブ情報を突合してみると，理屈に合わない点が露呈してきます。

もし，あなたがコンサルタントとして，この時期，K社未公開株の販売員と対峙したときに，どのような質問を投げかけますか。私がコンサルタントならば，株を購入しようと考えている人を同席させて，こんな質問をしようと考えます。

『株式上場は，何年計画でお考えなのでしょうか？』
『「株式上場準備室」は，いつ設立されましたか？』
『平成18年以前の御社は休眠状態なのに，平成21年2月に上場予定をしていますね。たった3年で休眠状態から上場へ道筋をつけた秘訣を教えてもらえませんか？』
『御社が休眠会社だったことについて，幹事証券会社はどういう見解をお持ちなんでしょうか？』
などなど，突っ込みどころは満載です。

もっとも，こんなまわりくどい質問を用意する前に，ひとこと『御社って，10年以上も休眠会社だったですよね。どうしてそんなことになっていたのか，納得いくように説明してくださいよ。理屈が通っていれば，株の購入を検討しますから。』こう伝えるだけで，十分でしょう。こちらを納得させてくれる答

第1章 会社謄本は，その会社を見極めるリトマス試験紙

えが返ってくるとは，到底思えません。（こんな面倒なことをいう客なんか，こちらから願い下げ。他をあたったほうがよさそうだ・・・。）とばかり，販売員はそそくさと会社へ逃げ帰っていくのではないでしょうか。

　これまで会社謄本の講演を何十回とさせていただきましたが，毎回この記事を紹介しています。
　残念でならないのは，約450名もの被害者が出て，被害総額が34億円，1人当たりに換算すると750万円強と相当な被害額にのぼってしまったことです。低金利が長く続く環境で，少しでも元金を増やしたいという心理と，また老後の生活の不安へ巧みに付け込んだ事件だったのはないでしょうか。
　説明しましたように，会社謄本の現在謄本と，そこからさかのぼって閉鎖謄本を2，3通取ってみれば，このK社に信頼性を見いだせないことは明らかです。すっかりこの株を購入する気になっている人の周りに，私のような人間がいて相談を持ちかけていただければ，「被害者450名のうち，1割でも2割でもその数が減らせたのではないか」と，いつも痛恨の思いです。
　K社のネガティブ情報を入手するまでにかけた費用は，インターネットでダウンロードした会社謄本3通（現在謄本1通，閉鎖謄本2通），そして電算化する以前の商業登記簿謄本を郵便で入手した1通だけです。たかだか2,000円前後の費用といくらかの手間，そして会社謄本の知識・・・。これだけのことで，1人平均750万円だという被害者を，たとえ1人だけであっても，思いとどまらせることができたなら，大いに意義があることだと思います。
　もちろん，会社謄本など見たこともない人や，会社謄本を役所や金融機関への提出資料としか活用していない経営者に，この本で紹介するような会社謄本の知識を駆使してほしいと願うのは，ハードルが高すぎるでしょう。したがって，経営者と結びつきの強い，税理士，中小企業診断士，社会保険労務士，行政書士などの士業の方々がコンサルタントとなって，本書で紹介した会社謄本のノウハウを身に付け，経営者のリスク管理をサポートしてあげてほしいと切望しています。

7　もう一つの会社謄本ロンダリング

※ポイント※
① 「登記記録区」は，会社のモラルを判断する「道しるべ」と見るようにする。
② 本店置籍期間が短期（1年程度）で，閉鎖謄本に休眠会社的な登記が見当たらない場合には，納税をごまかすための会社謄本ロンダリングの可能性がある。

　「人（会社）が人を騙し」金銭を奪う，この仕組みを暴くため閉鎖謄本のネガティブ情報を探す。要約すれば，これがここまでのテーマでした。本項では，「人（会社）が国をだまし」金銭を奪う，という事件から，会社謄本はその会社に「道徳があるか，ないか」を見抜くリトマス試験紙だ，という検証をしていきましょう。

　まずは，新聞記事で事件のあらましを見ていきましょう（筆者要約）。
＊＊＊＊＊＊＊＊＊＊＊＊＊＊＊＊＊＊＊＊＊＊＊＊＊＊＊＊＊＊＊
　　テレホンカード販売の差益　9000万円脱税の疑い　国税告発
　テレホンカードの販売などで得た法人所得を申告せず納税を免れたとして，「Ｃ」（東京都目黒区）と同社のＸ社長が東京国税局から法人税法違反（脱税）容疑で東京地検に告発されたことが分かった。
　・・・07年3月期までの2年間の所得約2億9千万円を申告せず隠し，法人税約9千万円を免れたとされる。
　　　　　　　　　＊　　　　　　＊　　　　　　＊
　同社は06年以降，ほぼ1年ごとに登記上の本店所在地を東京都内や名古屋市などに転々と変えていた。その間も実質的な本店は港区内のビルにあったが，登記とともに税務署の所管も移すことで，無申告を把握されにくいようにして

第1章　会社謄本は，その会社を見極めるリトマス試験紙

いたとみられる。

(2008年（平成20年）10月10日　朝日新聞)

＊＊＊＊＊＊＊＊＊＊＊＊＊＊＊＊＊＊＊＊＊＊＊＊＊＊＊＊＊＊＊

　申告をせず納税をごまかす・・・，見方を変えると「国に対する詐欺」かもしれません。

　どうやってテレホンカード販売から儲かる仕組みを構築したのかは，この項には関係ないので割愛しますが，とにかく，収益の上がるビジネスモデルを見つけたけれども，肝心の所得の申告を怠ってしまった・・・，こういうあらましです。

　この脱税記事の渦中で，どのような会社謄本ロンダリングがなされたかを見ていきましょう。前項までは，会社謄本ロンダリングは，「ネガティブ情報を封じ込めるための手段」として用いられてきました。しかし，この記事では，「会社謄本ロンダリングそれ自体がネガティブ情報」，これがポイントになります。

　それでは，Ｃ社の会社謄本を取ってみましょう（資料９）。

　新聞記事は，2008年（平成20年）10月10日のものです。実際に会社謄本を取得し，記事を検証したのが３か月後の2009年（平成21年）１月でした。記事に出ていた会社所在地は東京都目黒区でしたが，会社謄本を取りますと，Ｃ社の本店は東京都目黒区ではなく，神奈川県川崎市に移っています。したがって，本店が目黒区時代の会社謄本は，すでに閉鎖謄本となっていたということで，目黒区にあるＣ社の閉鎖謄本から登記事項の分析を開始していきましょう。

　現在謄本を手にしたら，まず最初に「登記記録に関する事項」（以下，登記記録区とします）をチェックするのが基本でした（資料５）。会社謄本ロンダリング，すなわち頻繁な本店移転の形跡はここに登記として現れてきますので，その有無確認ということです。

　さて，Ｃ社閉鎖謄本の「登記記録区」には，こうありました。

<資料9>

これは閉鎖された登記簿です

東京都目黒区△△三丁目3番3号
有限会社　C
会社法人等番号　0132-XX-XXXXXX

商号	有限会社　C
本店	東京都目黒区△△三丁目3番3号
公告をする方法	官報に記載してする
会社成立の年月日	平成3年9月○日
目的	1　土木・建築工事の設計，監理及び請負 2　内装仕上工事の設計，監理及び請負
役員に関する事項	東京都目黒区××二丁目2番2-202 取締役　　　　　X
登記記録に関する事項	平成20年5月16日東京都世田谷区○○一丁目1番1号から本店移転　　(2) 　　　　　　　　　　　　　　　平成20年5月22日登記 平成20年10月10日川崎市麻生区××二丁目2番2号に本店移転　(1) 　　　　　　　　　　　　　　　平成20年10月20日登記 　　　　　　　　　　　　　　　平成20年10月20日閉鎖

　国税告発の報道があってから，あわてて本店を(1)へ移したというのがありありかと思われます。「ほぼ1年ごとに登記上の本店所在地を東京都内や名古屋市などに転々と変えていた」（朝日新聞）とありますので，その報道を確認すべく閉鎖謄本を遡り，「登記記録区」を時系列に並べてみました。

<資料10>

これは閉鎖された登記簿です

東京都世田谷区○○一丁目1番1号
有限会社　C
会社法人等番号　0109-XX-XXXXXX

(2)から取得

商号	有限会社　C
本店	東京都世田谷区○○一丁目1番1号
公告をする方法	官報に記載してする
	取締役　　　　X　　　　　　　平成20年3月○日登記
登記記録に関する事項	平成19年5月22日名古屋市中区●●●四丁目4番4号から本店移転　(4) 　　　　　　　　　　　　　　　平成19年5月28日登記 平成20年5月16日東京目黒区△△三丁目3番3号に本店移転　(3) 　　　　　　　　　　　　　　　平成20年5月23日登記 　　　　　　　　　　　　　　　平成20年5月23日閉鎖

第1章　会社謄本は，その会社を見極めるリトマス試験紙

<資料11>

これは閉鎖された登記簿です

名古屋市中区●●●四丁目4番4号
有限会社　C
会社法人等番号　1899-XX-XXXXXX

(4)から取得

商号	有限会社　C	
本店	名古屋市中区●●●四丁目4番4号	
公告をする方法	官報に記載してする	
	取締役　　　　　　　×	
登記記録に関する事項	平成18年3月20日東京都品川区□□□五丁目5番5号から本店移転	(6)
	平成18年3月29日登記	
	平成19年5月22日東京都世田谷区××一丁目1番1号に本店移転	(5)
	平成19年5月29日登記	
	平成19年5月29日閉鎖	

<資料12>

これは閉鎖された登記簿です。

東京都品川区□□□五丁目5番5号
有限会社　C
会社法人等番号　0107-XX-XXXXXX

(6)から取得

商号	有限会社　C	
本店	東京都品川区××台八丁目8番8号	
	東京都品川区〇〇町七丁目7番7号	平成8年6月24日変更
	東京都品川区□□□六丁目6番6号	平成12年6月8日移転
		平成12年6月12日登記
	東京都品川区□□□五丁目5番5号	平成13年9月20日変更
		平成13年9月20日登記
目的	1．土木・建築工事の設計，監理及び請負	
	取締役　　　　　　　×	
登記記録に関する事項	平成元年法務省令第15号附則第3項の規定により	(8)
	平成10年10月22日移記	
	平成18年3月20日名古屋市中区●●●四丁目4番4号に本店移転	(7)
	平成18年3月30日登記	
	平成18年3月30日閉鎖	

　これら4通の閉鎖謄本から，C社の本店移転履歴が確認できました。

　(8)は，「省令の規定」とありわかりにくいですが，要するに，「品川区エリアを管轄していた法務局は平成10年10月22日をもって，会社謄本の登記システムが電算化されました」という意味です。したがって，電算化された1998年（平成10年）10月22日から2006年（平成18年）3月20日までは，ずっと本店が品川

区にあったということが見て取れます。

(3), (5), (7)より、本店が移転した時期を並べてみますと、平成18年3月、平成19年5月、平成20年5月とほぼ丸1年ごとで、移転した月が3月か5月ですから、おそらくこの時期がC社の決算期なのでしょう。

このC社の容疑は、脱税です。C社は「本店所在地を管轄する税務署」に、「無申告を把握されにくいよう」（同新聞）にするのが目的ですから、自社の本店は今期、どこの住所に置いているかが一番の関心事になります。また、未公開株詐欺と違い、C社には経営の実態があり、実際相当の収益を計上していました。虚業ではありませんので、3通の閉鎖謄本を見ても、C社が休眠会社を悪用した形跡はまったくありません。C社にとって、会社謄本の内容を（「登記記録区」を除き）隠し立てする必要などまったくないからです。したがって、C社のネガティブ登記情報は、＜資料9＞〜＜資料12＞の「登記記録区」自体がそれにあたります。ここが、1年ごとに会社謄本ロンダリングを行っていた事実が暴露されてしまう唯一の箇所です。

C社が脱税容疑で告発されたという目線で、閉鎖謄本の「役員に関する事項」をチェックしますと、興味深い登記が見えてきます。

(7)の直前である2006年（平成18年）3月20日に「監査役」が辞任して以降(6)〜(1)の間に至るまで、「監査役」が置かれることはありませんでした（C社は有限会社なので、監査役設置は任意となります）。C社は無申告という極めて危ない橋を渡っているのですから、当然といえば当然かもしれません。代表取締役にすると、監査役に無申告の事実を指摘されれば、経営の責任を問われることになりかねない。その一方で、監査役が無申告を知りながらも監査役を続ければ、何がしかの責任を負わされることになりかねません。「監査役」辞任登記からそんな葛藤がC社内部にあったのではないかと思います。

いずれにせよ、C社のX代表は2005年（平成17年）期に、このテレホンカード販売のビジネスに出会ったのでしょう。

このビジネスの目の付け所は本当に素晴らしく、はたして予想をはるかに超えた成功をおさめました。ここまではいいのです。しかし、収益があがったら、

第1章　会社謄本は，その会社を見極めるリトマス試験紙

　誰だって税金を納めなければなりません。「喜んで税金を納めます！」という奇特な人は，めったにいらっしゃいませんが，「払いたくないなぁ・・・。」と思いつつも，節税対策などをしながら，やっぱり税金を納めるのです。これが経営者というものでしょう。しかし，「約3億円の所得を申告せず隠し，9,000万円の法人を免れた」ということなると，「つい出来心で」では世間は許してくれません。C社の代表にしたら，「このままではいけない，まずい，いつかは申告をしないと・・・。」という気持ちもあったのでしょうが，やはり無申告は度が過ぎていたといわざるを得ません。

　「納税」＝「最低限の道徳」とするならば，C社には商道徳が大きく欠落していたということができるでしょう。本項を総括すると，「会社謄本の『登記記録区』は，モラルの有無を判断する「道しるべ」」として抑えるべき登記事項だと考えます。

8　ネガティブ情報を把握したら，コンサルタントはどう活かすか

※ ポイント ※
① コンサルタントは，会社謄本のネガティブ情報を発見したら，どうやって活かすかを考えないといけない。
② ネガティブ情報をもとに「質問」し，その「反応」を観察・実感してはじめて，「ネガティブ情報を活かした」ということができる。

　コンサルタントであるあなたが，脱税を企てたＣ社の会社謄本を遡り，閉鎖謄本の「登記記録区」にネガティブ情報の痕跡があったことを把握しました。あなたの直感はこうです。
　「実質的な本店は港区にあったが（朝日新聞），会社謄本を遡って「登記記録区」を見ていくと，1年ごとに登記上の本店を移転させている。」
　「このＣ社は，脱税のために「会社謄本ロンダリング」を意図的に行っているのではないのか・・・。」
　しかし，いくらネガティブ情報を把握しても，内心に留まっているだけでは，意味がありません。情報は活用してこそ初めて価値が生じるものです。したがって，コンサルタントとして，あなたの顧問先が2次被害を被らないように，ネガティブ情報の活用方法を検討しなければなりません。
　新聞記事の範囲では，Ｃ社が脱税容疑のほかには，周囲になにか損害を与えたとは書かれていません。したがって，仮にあなたの顧問先がＣ社と取引関係にあったとしても，当面の損害はなさそうです。そういう環境のもと，コンサルタントとしていったい何をなすべきでしょうか。
　コンサルタントの立場になったなら，次の二つを考えるべきだと思います。
　① ネガティブ情報をもとに，Ｃ社へ投げかけるべき質問を考えること。
　② Ｃ社がその質問に，どのような反応・対応を示すかを観察すること。

第1章　会社謄本は，その会社を見極めるリトマス試験紙

　顧問先に直接Ｃ社へ問いただしてみるようにいうか，あるいはあなたが顧問先に代わって質問をするかは状況によりますが，問いかけるべき物言いは次のようになるのではないでしょうか。
　『会社謄本を拝見しました，なぜ１年ごとに，本店を変えるのですか？』
　もちろん，あなたはその答えが「脱税」だとわかっています。わかっていてもあえて質問する理由は，Ｃ社はどういう答えを返してくるか，どんな反応を示すのかを観察し，Ｃ社の本性を面前で実感することにあるからです。答えに窮してシドロモドロになるのか，『そんなこと，お宅には関係ないことだろ！』と逆ギレされるか，はたまた『実は，税金を払うのが嫌なので，税務署に無申告を把握されにくくするために・・・。』と開き直って本音をしゃべりだすか。質問によって，Ｃ社がどんな体質を持ち合わせているかをあぶり出すのです。

　質問の反応が把握できたとします。Ｃ社の本性が，逆切れ体質，開き直り体質など，これまで目にしてきた表の顔と，違った表情を見せました。
　ここで，あなたの顧問先は，Ｃ社との取引継続を，即刻止めるべきなのでしょうか。私は，そうとは思いません。取引継続の判断は，個々で違っていてもいいのではないかと思います。なぜなら，リスク（Ｃ社の本質）の捉え方・処し方については，個々の会社の事情や力量によってさまざまだからです。把握したリスクが自社でコントロール可能な範囲と考えれば，取引を継続すればいいですし，とてもではないがそんなリスクは手に負えないと考えたのならば，取引を中止すればよいのです。大切なのは，リスクを把握し，捉え方・処し方の議論がきちんとなされたかということです。リスクコントロールの問題です。
　脱税は道徳に背く行為ですし，犯罪です。「社会的責任（social responsibility）」の観点からすれば，脱税を企てる会社と付き合うべきではないと判断するのが常識的でしょう。しかし，別の考え方があってもいいのではないのでしょうか。たとえば・・・。
　「たしかに脱税を企てたＣ社には，誠意と道徳が欠落しているかもしれないが，道徳を欠いた行為を働いたのは「国」に対してだけではないか。」

「報道のあとも、こちらは特段の被害を被っていない。取引歴だってそれなりに長い。今後Ｃ社が窮地に陥り、こちらに、損失のつけ回しを強要してきたり、いいがかりをつけてきても、強気の交渉で臨めばいいのではないか。」

「与信枠をカバーするＣ社の資産状況は把握できているし、代表取締役の連帯保証も取っている。是々非々の姿勢で、この会社と取引を続けていけばいいでしょう・・・。」

　リスクを把握しコントロールできると判断しても、損害を被ることだってあるでしょう。しかし、予め想定していた範囲で発生した損害と、まったく想定外の損害とでは、たとえ損害の額が同じだったとしても、その対処の仕方は雲泥の差が生じるはずです。リスクコントロールとは、「事故の可能性にしっかりと目を向けて、事故が発生するかもしれない状況下において、自力で対処するだけの覚悟があるのか」といい表すことができます。その覚悟を決めるための材料の一つが、会社謄本のネガティブ情報だと考えます。しかし、ネガティブ情報の存在に気付いても、何もしないのなら意味がありません。ネガティブ情報をもとに、相手へ何らかの発信をする材料として活用してこそ、はじめて意味が発生するのです。

9 不可解な登記が、どうして起こるのか

※ ポイント ※
① 会社謄本を見るときは、「架空の登記」ありきの目線でチェックすべきである。
② 登記の書類審査の制度を悪用し、登記項目に見合った登録免許税を納めてしまえば、実態と全く違う架空の登記を作り上げることができる。

　不可解な会社謄本が存在するのは、紛れもない事実です。人や会社を騙そうと、架空の登記がされたり休眠会社が悪用されたり・・・。会社法の改正によって、休眠会社を減らすようにしたといわれますが、依然、休眠会社を悪用する手口はなくなりません。こうなると、良いとか悪いとかの問題ではなくて、被害を受けないように自衛手段を講じるより他にないと思います。
　本店を3週間しか置いていない会社謄本があったり（「未公開株で34億集金」2009年（平成21年）3月2日　産経新聞）、税務署の目をごまかすために、実質的な本店とは違うところに登記上の本店を置いたり（「テレホンカード販売の差益　9000万円脱税の疑い」2008年（平成20年）10月10日　朝日新聞）など、ご覧いただいたとおりのありさまです。
　よって、コンサルタントは、「架空の登記ありき」で、会社謄本をチェックする必要があります。「性悪説」に立って会社謄本を分析する目線といえばいいでしょうか。
　「会社謄本は登記されたままを、見るだけでいい」と考える限りは、会社謄本を「商道徳があるか？」「悪徳会社か？」を見極めるリトマス試験紙として、使いこなすことはできません。
　「架空登記は実際に行われている」現実をしっかり見据え、会社謄本を疑って見る意識を持つことが、事故の防止につながると、私は強く思うのです。

それにしても，なぜ珍妙な会社謄本が，次から次へでき上がるのでしょうか。新聞記事を例にして，見ていきましょう（筆者要約）。

＊＊＊＊＊＊＊＊＊＊＊＊＊＊＊＊＊＊＊＊＊＊＊＊＊＊＊＊＊＊

「鬱病」偽り傷病手当5500万円詐取

秋田県警などに1月24～26日に詐欺容疑で逮捕されたのは，札幌市の雑貨販売業「P」代表社員R，Yら3容疑者。

3人は共謀し，昨年3月中旬，会社の実体があるかのように装って秋田社会保険事務所に虚偽の届け出をし，「P秋田支店」として健康保険の適用を受けた。「支店長」のY容疑者は同年5月に鬱病で働けなくなったと申請し，同事務局から1カ月分の傷病手当金約66万円をだまし取った疑いが持たれている。

R容疑者は「会社の実体はなかった」などと供述し，容疑を認めているという。

　　　　　　　　＊　　　　　＊　　　　　＊

P社の"ニセ社員"の一人で，昨年8月に「東京支店長」となった男性は事件発覚後，取材に応じた。（以下，記事抜粋）

「今住んでいるアパートを東京支店にしただけ」

「本社の実体なんか全くないよ。東京支店にも商品なんか一つもない」

　　　　　　　　　（2009（平成21）年2月8日　産経新聞）

＊＊＊＊＊＊＊＊＊＊＊＊＊＊＊＊＊＊＊＊＊＊＊＊＊＊＊＊＊＊

「うつ病」をでっちあげて，診断書を医師に書かせ，傷病手当を騙し取った，といった事件です。記事によれば，会社や支店の実体は何もなかったとのことなので，「P社」の会社謄本を実際に取得しながら，こんな不可解な登記がなぜ起こるのかを掘り下げていきましょう。

第1章 会社謄本は，その会社を見極めるリトマス試験紙

<資料13>

札幌市○○区南○条東一丁目1番1　××マンション101号
合資会社　P
会社法人等番号　4300-XX-XXXXXX

商号	合資会社　P	
本店	北海道○○市××区△△111番地	
	札幌市○○区△△条十一丁目1番1号	平成19年3月○日移転 平成19年3月○日登記
公告をする方法	官報に記載してする	
会社成立の年月日	平成18年○月×日	
目的	1　宝石・貴金属の製造及び販売，販売 2　革の製造及び販売，輸入 3　上記に付帯する一切の業務	
社員に関する事項	札幌市○○区××一丁目1番1号 無限責任社員　R	平成19年6月△日加入 平成19年6月△日登記
（商売は本気???）	札幌市○○区××一丁目1番1号 有限責任社員　D 金　2000円全部履行	平成19年6月△日入社 平成19年6月△日登記
	代表社員　R	平成19年6月△日就任 平成19年6月△日登記

　P社の会社謄本を取得しました。2006年（平成18年）に設立されたP社は，「合資会社」の組織形態でした。何の疑いの目を持たずにPを見れば，「合資会社」ですから，小規模な商店経営を想定して会社をつくったのかなと思えます。また，会社設立にかかる費用は，株式会社に比べてかなり割安です。

　「社員に関する事項」に目をやりましょう。無限責任社員であるRのほか，「有限責任社員　D　金　2000円全部履行」との登記がありました。D氏はP社が倒産しても2,000円を超えて責任は負わない，ということですから，その金額から商売の本気度もいまひとつ迫力を欠くのでは・・・，という気がします。もし第二者がP社の会社謄本を取り，この「2000円」を見たとき，その額に思わず首をひねるのではないかと勘繰りたくなります。

<資料14>

			平成19年6月△日登記
支　店		1 仙台市泉区○○一丁目1番1号	平成19年11月○日設置 平成19年11月○日登記
		2 青森県弘前市○○二丁目2番2号	平成20年1月○日設置 平成20年1月○日登記
		3 福島市○○字××3	平成20年2月○日設置 平成20年2月○日登記
		4 秋田市○○4-4-4	平成20年3月○日設置 平成20年3月○日登記
		5 栃木県足利市△△△5-5-5-201	平成20年7月○日設置 平成20年7月○日登記
		6 東京都新宿区○○三丁目6番6号××ビル401号	平成20年8月○日設置 平成20年8月○日登記
		7 北海道小樽市××七丁目7番7号301	平成20年10月○日設置 平成20年10月○日登記
登記記録に関する	平成18年8月○日札幌市○○区××条東五丁目1番地1××マンション101		

　いよいよ支店の欄です。七つの支店が約1か月半のペースで，北海道から東京に至るまで支店登記されています。この支店登記を見て変だなと思いませんか。そもそも小規模商店向きの組織形態である「合資会社」のPが，よくこれだけ支店を出店する資金力があるな・・・と。しかも，有限責任社員の出資は2,000円というシブチンです。性善説的な解釈をすれば，実はRが超大金持ちなのではないかと解釈することもできます。しかし，それなら傷病手当詐欺に手を染めるはずがありません。

　とにかく，アンバランスな会社謄本です。こんなモヤモヤした不可解な会社謄本が，どうしてでき上がるのか，登記申請の実務をおさえ，どういう手続きが必要なのか，いくらお金がかかるのかの流れを追うことで，このモヤモヤを解消していきましょう。
　さて，変更登記のビジネス書を紐解きますと，支店を新たに設置する場合の手続きに必要な書類は，次のとおりとなっています（株式会社の例）。

第1章　会社謄本は，その会社を見極めるリトマス試験紙

- ○　株式会社変更申請書
- ○　取締役会議事録（取締役会設置会社のとき）
    - ※　合資会社は，「総社員の同意書」なる書面が，この議事録の代わりになるようです。
- ○　OCR用申請用紙
- ○　代理人が申請する場合は委任状

　支店を新たに設置する根拠は「議事録」になります。議事録のひな形をざっくり要約すれば，「住所：東京都○○区○町○丁目○番○号へ，平成○年月○日から支店を設置し，全会一致で可決確定」し，会社の実印，役員の認印を押印。これで完了です。

　支店を置く場所のエビデンス（賃貸借契約書など）は必要ありませんから，悪いことを企てようとすれば，いくらでもそんな細工ができてしまいます。産経新聞の記事でインタビューに応じた，ニセ社員である"東京支店長"なる人物が，「今住んでいるアパートを東京支店にしただけ。」といっていますが，要するに議事録へ「設置したい支店住所」を書いておけば，架空の登記ができ上がってしまう。

　「本社の実体なんか全くないよ。東京支店にも商品なんか一つもない」（同新聞），質の良くない集団の毒牙にかかってしまうと，残念ながらこんなありさまです。

　今度は，費用面から見てみましょう。

　支店を新たに設置するときは，二つの登記所へ登録免許税を払うことになります。本店住所地の登記所へ60,000円，支店住所地の登記所へ9,000円，計69,000円。Pには七つの支店が登記されていましたから，登録免許税は69,000円×7支店＝483,000円となります。普通の金銭感覚なら69,000円を端金とは思いません。平成26年の厚生労働省の統計によれば，上場企業課長級の平均月収が53万円弱ですから，登記費用の合計483,000円はサラリーマンの平均月収に値し，かなりの金額といえます。

会社謄本には，架空登記が生じてしまう制度上の盲点がありました。しかし，そんな盲点があってもなお，世の中が架空登記で溢れかえることがないのは，この登録免許税の存在が，ブレーキになっているからでしょう。つまり，「会社で決議した内容を登記してほしけりゃ，お金を払いなさい」という理屈なわけで，一般の金銭感覚があれば，登記に無駄金を使うはずがありません。そんなお金があれば，本業のほうへ回したほうがいいに決まっています。したがって，世の中に金銭感覚の正常な人たちしかいなければ，架空登記の発生率は低くなってきます。

　ところが残念なことに，金銭感覚や一般常識の欠落している人が，少なからずいます。P社のような事件を引き起こす輩です。「金さえ儲かりゃ，何をしようが構うもんか！ モラルも道徳も関係ねぇよ！」，違法なギャンブルに手を染めるような感覚だったのではないでしょうか。P社が最初に支店登記をしたのは，2007年（平成19年）11月です。その後，2008年（平成20年）1月，2月，3月，7月，8月，11月とハイペースで"支店"を増やします。"第1号支店"で69,000円の登記費用を費やし，詐取のシナリオを実行しました。目論見がうまくいき「これはいける！」という感触を掴んだのでしょう。こうなると，"第2号支店"以降の各69,000円などバクチの掛金です。納めた登録免許税は，締めて483,000円。詐取した総額は5,500万円。悪質な詐欺を，費用対効果と表現するのは気が引けますが，100倍以上のレバレッジ効果を生み出させていることになります。もちろん，モラルや常識を置きざりにすればという条件付きですが，こんなにおいしい儲け話はありません。

　それならば架空登記を防止するために，書類審査を止めて実態審査に切り替えたら，どうでしょうか。もし，実態の確認を登記の要件にしたら，時間がいくらあっても足りないでしょう。会社の登記事務は大幅に停滞し，申請した会社謄本などいつでき上がるかわかりません。会社設立の申請をして，登記官が実態確認に来たら，もう廃業していたという笑い話みたいな事態だって考えられます。たしかに，取り上げた新聞記事に出てきた会社謄本のように，まった

く実体のない会社謄本が発生するというデメリットが現行制度には見られます。しかし，会社登記の申請書類に不備さえなければ，審査が完了し登記されるスピード感，これは計り知れないメリットです。このメリット・デメリットを比較すると，現行の会社登記のシステムは良好に機能しているといえるのではないでしょうか。

　こうしたことから，このような詐欺事件の被害に巻き込まれないように，登記のカラクリについて知り，会社謄本の読解力を高めるなどの自衛手段を講じるより他ないと考えます。いわゆる自己責任です。しかし，経営者は本業に時間を取られ会社謄本の知識など身に付けている暇がありません。そこで，経営者に代わって与信のサポートしていくコンサルタントの重要性がますます高まってくるのです。

コラム① 彼らの発想と金銭感覚

「NPO　隠れみの　企業恐喝要求断りにくく」
「制度の盲点　反社勢力悪用」

　ずいぶん前ですが，こんな見出しの付いた報道がされました。NPO法人を称しているものの，実態は限りなく企業恐喝です。企業を訪問してはボランティア活動名目で寄付を強要して，その額は数千万円にのぼったというのですから，とんでもない話です。

　あるとき，この類の訪問を受けたことがあるという担当者のお話しを伺う機会に恵まれました。凡人では到底考えもつかないその手口を聞くにつけ，感心するやらあきれるやら。驚いたのは，企業に金銭を払わせるため用意した道具と，そのコスト計算でした。

　企業に寄付を強要しても，体よく断られるのは，彼らも承知しています。そこで，企業へ金銭を自主的に払わせるため，彼らが目をつけたのは「選挙」でした。ターゲットに定めた会社がある選挙区から，息のかかったNPO法人のメンバーが立候補しました。その会社周辺で警察沙汰にならない程度に，匙加減を加えながら，「街頭演説」とは名ばかりの誹謗中傷を繰り返すのです。選挙期間中は連日ですから，これは精神的にキツイ。「寄付に応じるから，これ以上は勘弁してくれ」と企業側から泣きが入るまで追いこんでいくシナリオだそうです。

　選挙は区議選を舞台に選びます。それは供託金が安価だから。国政選なら300万円〜600万円にものぼる供託金も，区議選ならわずか30万円です。わずか30万・・・と書きましたが，通常の金銭感覚なら30万円はきわめて高額です。しかし，彼らにとっては単なる「投資」です。ハナっから当選など目的にしていません。自主的に"寄付"させることが目的ですから，「供託金は没収」の前提で，青写真を描くわけです。

　「こんなことがまかり通っていいのか」と選挙を管轄するある選挙管

理委員会に尋ねてみたところ,「憲法には『表現の自由』がありますので,立候補者の主義主張はアンタッチャブルにならざるを得ない・・・。」というようなことをおっしゃっていました。実は,選挙管理委員会も,つらい立場なのではないでしょうか。

　架空の登記申請と区議選の立候補,一見,何の関連もないように見えますが,ここに共通するのは,「金銭」が乱造・乱立のストッパーの役割を果たしている,という点です。しかし,それも通常の金銭感覚と一般常識があってこそ,機能しているのです。

　「金のためなら,恥も気にせず,手段も厭わず」の手合いにかかってしまえば,制度本来の目的と,まったく姿を変えた使われ方になってしまうことも,コンサルタントならば知っておく必要があるのではないでしょうか。

第2章　会社謄本の盲点と偽装の余地

1　取込詐欺から身を守るには,「会社成立の年月日」を鵜呑みにしない

※ポイント※
① 「会社成立の年月日」の登記項目は,変更が一切できない。
② 詐欺集団は,その点を熟知して,トラップ（罠）をしかけてくる。

　起業して10年後,生き残っているのは1割にも満たず・・・,そんな話を聞いたことがあります。長く商売を続けている・・・,すなわち信頼のバロメーターでしょう。
　私が銀行に勤めていたころは,住宅ローンやカードローンの申し込みをお客さまからいただくと,まず担当者が審査書類を作成したものです。その書類群の中に,年収やお持ちの資産などの項目を点数化するシートがあり,その一つに,勤務先の業歴を審査する項目がありました。業歴が長いと高配点,設立して日が浅いと0点・・・,そんな感じだったかと思います。「創業してから何年経つか」というのは,会社の信用力のみならず,従業員の与信まで左右するともいえるでしょう。
　「会社成立の年月日」の項目を見れば,「創業して何年になるのか」はすぐに把握できますが,実はこの項目には盲点が潜んでいます。それを知らずに,うっかり「会社成立の年月日」を鵜呑みにしてしまったところ,あとで詐欺事件の被害者になってしまった・・・,そんな可能性がないとはいえません。

「会社成立の年月日」の盲点を知っているか，知らないかの差は極めて大きいです。これから，いくつかのケーススタディを通して，この盲点を疑似体験してみましょう。

　ところで，「取込詐欺」という言葉を聞いたことがありますか。
　新しい取引を持ちかけて，最初の２か月は小口の現金取引で相手と信頼関係を築く。信頼関係ができ上がったころを見計らい，取引条件を掛買い（２か月後現金払いなど）に変えて，同時に大量の発注を行う。代金決済の直前になったら納入させた商品を持ち逃げし失踪・・・，騙し取られた商品は，息のかかったバッタ屋（最近ではインターネットオークションで取引されたという例もあったそうですが・・・）に転売して不法な利潤をあげる，という昔からある詐欺の手口です。この手の詐欺は共通した傾向があって，詐欺に着手してからトンズラするまで３～４か月，短期決戦で商品を騙し取るのが特徴です。
　取込詐欺を企図する集団は，何をさしおいても騙す相手方の信頼を勝ち得ようと試みます。そのためには，あらゆる手段を駆使しますが，その一つが「会社成立の年月日」の悪用といえるでしょう。
　「会社成立の年月日」は，他の登記項目と決定的に違う特徴があり，それは登記の変更が効かない点です。考えてみれば当たり前の話で，登記の変更申請で「会社成立の年月日」を新しい会社や古い会社に書き換えることができたら，それこそ「会社成立の年月日」の意味がなくなってしまいます。明治時代から綿々と続いてきた会社謄本制度の根幹が揺らぎかねません。
　この「会社成立の年月日」の意味合いは，自動車やオートバイの「車台番号」に例えるとわかりやすいです。車が製造されたら，損傷を受けにくい箇所に番号を打刻，車のオーナーが変わっても廃車になるまで引き継がれます。「会社成立の年月日」も，商号や本店が変わろうが，会社の目的や役員がガラッと180度入れ替わろうが，清算されるまで「会社成立の年月日」が引き継がれます。
　詐欺集団はこうした仕組みを熟知しており，実態のない会社をあたかも昔か

ら営業しているかのように架空の登記を演出することなど朝飯前です。誰だって，できたてほやほやの会社よりは，業歴がある会社と取引をしたくなるのものです。そんな心理へつけ込んでいくため，会社謄本を悪用する術に長けています。

では，変更登記が効かないはずの「会社成立の年月日」に，どうしたら盲点の生じる余地があるのでしょうか。

2　プロ野球に見る「会社成立の年月日」

※ポイント※
① 「会社成立の年月日」は，現在の経営母体がその会社を運営し始めた時期と，必ずしも一致するわけではない。
② オーナーチェンジが好例である。

　会社謄本を違った角度から検証してみましょう。
　日本で多くの人に支持されているスポーツにプロ野球があります。なんといっても戦前から行われている競技ですから，どの球団も老舗ばかり。その球団を運営する会社の登記情報を見てみると，「会社成立の年月日」になぜ盲点が生じるかに合点がいくと思います。
　さて，2004年（平成16年）にプロ野球界を揺るがす球団の再編問題が起こりました。詳しいことは割愛しますが，翌2005年（平成17年）から，近鉄バファローズとオリックスブルーウェーブが「オリックス・バファローズ」となり，50年ぶりの新規参入球団として「東北楽天ゴールデンイーグルス」が誕生したことは，みなさんの記憶に新しいところでしょう。
　この項では，球団運営会社の会社謄本を取得して，「会社成立の年月日」と球団の沿革を比較してみます。そして，「会社成立の年月日」から感じ取れる意味を分析してみましょう。

　まずは，「東北楽天ゴールデンイーグルス」です。
　「株式会社楽天野球団」（本社：仙台）が運営母体です。2004年（平成16年）9月24日に新球団の加盟申請をし，10月にあった2度の審査会を経て，11月2日のオーナー会議で参入が承認されました。これが球団設立までの流れです。
　楽天野球団の会社謄本はどうかというと，会社成立の年月日は「平成16年10

第2章　会社謄本の盲点と偽装の余地

月29日」，登記記録に関する事項は「設立」となっています（資料1）。なるほど，経緯のとおり，新規参入のために設立された球団運営母体だ，ということが見て取れます。

一方，「オリックス・バファローズ」の会社謄本はどうでしょうか。

運営会社は，「オリックス野球クラブ株式会社」です。近鉄バファローズの親会社である近鉄本社が，巨額の負債削減のためグループ企業整理を進めるなか，球団についても売却を検討したのが発端です。その結果，オリックスとの合併交渉が行われ，近鉄球団はオリックス球団に営業譲渡の後，解散することになりました。この流れを頭に入れて，2004年（平成16年）当時の会社謄本を見てみましょう（資料2）。

<資料1>　楽天野球団の会社謄本（現在謄本）

仙台市宮城野区……
株式会社楽天野球団

会社法人等番号	3700-××-××××××	
商号	株式会社楽天野球団	
本店	仙台市宮城野区……	平成23年7月1日移転 平成23年7月8日登記
	仙台市宮城野区……	平成27年9月19日変更 平成27年10月9日登記
公告をする方法	当会社の公告方法は，官報に記載する方法とする	
会社成立の年月日	平成16年10月29日	
目的	1　野球の興行 2　スポーツその他の文化事業等の興行	
〜〜〜〜〜〜〜〜〜〜〜〜〜〜〜〜〜〜〜〜〜〜〜〜〜〜〜〜〜〜〜〜〜
登記記録に関する事項	設立	平成16年10月29日登記

＊　下線のあるものは抹消事項であることを示す。（以下，同じです）

大半の方が「2球団が一つに合併」したと思われているでしょうが，会社謄本には「合併」の文字が見当たりません。合併の事実があれば「会社履歴区」にその旨が登記されるはずなので，「オリックスは近鉄から球団経営権を買い取った」という表現が正確でしょう。

それを裏付けるかのように，「商号譲渡人の債務に関する免責」の登記が見

られます（資料2(1)）。つまり，「近鉄球団の経営権は譲り受けたが，近鉄球団の借金までは関知しません」ということが書いてあり，球団を一つにまとめるまでに，なにやら厳しい交渉が行われた空気が匂います。増資も行われています。

　さて，会社成立の年月日に注目してください。なんと「昭和17年7月17日」になっています。これはどういうことでしょうか。オリックス球団の親会社であるオリックスの創業でさえ，1964年（昭和39年）だというのに・・・。

　ご存じのとおり，オリックスの前身は，阪急電鉄が経営していた阪急ブレーブスです。昭和10年代初めに設立された老舗チームで，その後，1988年（昭和63年）10月にオリックス（当時はオリエント・リース）へ経営権を売却しています。オリックスは，プロ野球への参入にあたり，運営会社を設立したのではなく，阪急球団の運営会社を買収しました。要するに，M＆Aであり，会社のオーナーが変わったということです。ところが，会社謄本には，オーナーの異動を表す登記欄がありません。オーナーチェンジの有無は，いくつかの登記事項を吟味して，判断するより他ありません。

　「オーナーが変わるという大切なことすら，会社謄本には表示されないのか？」一見，きわめて不親切に思えますが，もし株主異動の登記項目を設けていたとしたら，上場企業などは大変なことになってしまいます。証券取引市場で毎日のように株が売買されているのですから，売買のたびに登記をしていたら，時間と労力がいくらあっても足りません。

第2章　会社謄本の盲点と偽装の余地

＜資料2＞　オリックス野球クラブの会社謄本（閉鎖謄本）

大阪市西区……
オリックス野球クラブ株式会社

会社法人等番号	1200-××-××××××	
商号	オリックス野球クラブ株式会社	
商号譲渡人の債務に関する免責	当会社は平成16年11月30日営業の譲渡を受けたが，譲渡人である株式会社大阪バファローズの債務について責に任じない	→ (1) 平成16年12月1日登記
本店	神戸市中央区……	
	神戸市中央区……	平成8年4月1日移転
	神戸市中央区……	平成10年6月20日移転 平成10年6月29日登記
	神戸市須磨区……	平成16年4月19日変更 平成16年5月10日登記
公告する方法	官報に記載してする	
	当会社の公告方法は，官報に掲載する方法とする。	平成18年7月7日変更 平成18年7月26日登記
会社成立の年月日	昭和17年7月17日	
目的	1　野球の興行 2　野球技術の指導教授	
登記記録に関する事項	平成元年法務省令第15号附則第3項の規定により	平成10年5月14日移記
	平成18年11月20日大阪市北区…………に本店移転	平成18年11月28日登記 平成18年11月28日閉鎖

　こういった経緯で，オリックス球団の参戦は1989年（平成元年）からですが，M＆Aでの球団買収であるため，阪急球団時代の「会社成立の年月日（昭和17年7月17日）」を引き継いだことになるのです。

　ちなみに，この本を執筆するにあたって，オリックス野球クラブの会社謄本を遡れるだけ遡って，閉鎖謄本を取得してみました。商号などの要点を一覧にまとめたのが，次の表です。

＜資料３＞　オリックス野球クラブ(株)の閉鎖謄本を遡った表

※　昭和22年12月12日以前の閉鎖謄本は現存せず。
　　よって、会社成立の昭和17年7月17日～昭和22年12月12日までの商号・本店の履歴は確認できませんでした。

商　号　（　　）内は登記をおいた日付	本　店　（　　）内は登記をおいた日付
(株)阪急野球倶樂部 (昭和22年12月12日～ 　　　　　　昭和33年2月25日)	大阪市西区 (年月不明～昭和22年11月22日)
(株)阪急ブレーブス (昭和33年2月25日～ 　　　　　　昭和63年11月1日)	兵庫県西宮市西宮球場内 (昭和22年11月22日～ 　　　　　　平成2年9月1日)
オリックス・ブレーブス(株) (昭和63年11月1日～ 　　　　　　平成2年9月5日)	
オリックス野球クラブ(株) (平成2年9月1日～現在)	兵庫県神戸市 (平成2年9月1日～ 　　　　　　平成18年11月20日)
	大阪市西区 (平成18年11月20日～現在)

(平成28年2月現在)

　㈱阪急野球倶樂部における昭和22年12月12日以前の閉鎖謄本は、現存していませんでした（大阪法務局によれば、昭和54年以前の閉鎖謄本は基本的に廃棄処分にしているとのこと（平成28年2月ヒアリング））。したがって、最大限さかのぼって手に入れた閉鎖謄本を拾い読むと、商号や本店が何度か変更されているのが見て取れます。歴史は繰り返すといいますか、商号は野球倶樂部から野球クラブに、本店も再び大阪市北区に戻り、原点回帰というべきか、歩んできた道を実感できます。
　では、他の、Ｍ＆Ａで経営権を買収した歴史を持つ球団はどうでしょうか。３球団の会社謄本を取ってみて、「会社成立の年月日」を調べてみました。

第2章　会社謄本の盲点と偽装の余地

<資料4>　3球団の「会社成立の年月日」とオーナーチェンジ時期

現在の運営会社	会社成立の年月日	オーナーチェンジ時期 （＝プロ野球参戦初年度）
ロッテマリーンズ (株)千葉ロッテマリーンズ （東京都新宿区）	昭和25年（1950年） 1月4日 （当時：毎日オリオンズ）	昭和44年（1969年）
西武ライオンズ (株)西武ライオンズ （東京都豊島区）	昭和25年1月28日 （当時：西鉄ライオンズ）	昭和54年（1979年）
ヤクルトスワローズ (株)ヤクルト球団 （東京都港区）	昭和25年5月29日 （当時：国鉄スワローズ）	昭和45年（1970年）

　三つの球団とも会社成立の年月日は，会社謄本上，昭和25年になっています。しかし，いずれの球団も昭和25年当時プロ野球の運営などしていません。後発企業が経営権を買収し，新オーナーが球団の経営に乗り出した結果，商号や本店住所他は変更になりましたが，「会社成立の年月日」だけは変更することができないため，このような会社謄本になってしまうのです。

　さて，この一覧表を見ても，さほどの驚きはないと思います。せいぜい「へぇー」と感心する程度ではないでしょうか。その理由は簡単です。どの球団も親会社は名の知れた企業体であり，その一挙一動は多くの耳目に触れるところとなっています。ましてや，球団の経営母体が変わったとなれば大ニュースで，テレビ・新聞などで繰り返し報道され，たちまち多くの人が知るところとなるのは目に見えています。

　よって，『オリックスって，戦前から球団を経営していたんでしょう。』と真顔でいう人はほとんどいないでしょうし，オリックス野球クラブの「会社成立の年月日」が昭和17年であると知ったところで，『それはオリックスが，昔からあった阪急ブレーブスの経営権を買ったからだよね。』で話はおしまいです。オリックス球団の会社成立の年月日が昭和17年であっても，訝しく思う人などいないわけです。

3 知らない会社の「会社成立の年月日」に対する心構え

※ ポイント ※
○ 会社謄本上の業歴に比べて、現本店に移転してきて時間が経過していない場合は、閉鎖謄本を遡り、会社沿革と比較するべし。

あなたの目の前には、会社謄本が置いてあります。初めて社名を聞くその会社謄本の会社成立の年月日が、昭和60年（1985年）だったとしましょう。そのとき、「会社成立の年月日」を鵜呑みにするのは早計といえるでしょう。
　「たしかに業歴は長いけれど、オーナーや経営陣は最近になって経営に乗り出してきたのでは？」こういう発想が、瞬時に湧き出てくるでしょうか。
　あなたがコンサルタントという立場にあり、顧問先から与信判断や見解を求められるとしたら、その会社はたいてい「聞いたことのない会社」のはずです。会社の沿革はおろか社名すら知らない、というのが前提です。そんな会社謄本について見解を求められたとき、「登記上の業歴が長いから、老舗の会社だな」という思い込みから自らを解放できないようなら、コンサルタントとしては失格です。柔軟な思考で、登記上の業歴を盲信せず、疑ってかかるくらいの意識を持つこと、つまり性悪説に立つことが非常に大切です。
　「本当にこの会社は、老舗なのだろうか？」という検証をするときは、まず最初に比較してほしい登記項目があります。それは、「この会社は創業してから何年が経過しているか」と「この場所に本店を置いてから、今日までどれくらいの期間が経過しているか」とを比べる作業です。会社成立の年月日を見て、老舗と呼ぶにふさわしい業歴であるにもかかわらず、現住所に本店を置いてさして時間が経過していなければ、そのワケを閉鎖謄本を遡って探索すべきではないか、ということです。
　では、「さして時間が経過してない」とは、具体的にどれくらいの経過時間

をいうのでしょうか。経験上，私が目安にしているのは，次のとおりです。

① 現本店に移転してきてから，3年以上が経過したか。
② 現本店に移転してきてから，業歴の20％以上の年数が経過したか。

①・②のどちらか長い期間を選び，その期間に満たない場合には，閉鎖謄本を必ずチェックします。

つまり，業歴10年未満の会社の場合は，現本店に移転して3年が経過していれば，閉鎖謄本に架空登記の形跡を見出す率が低くなり，会社謄本以外の要素から与信判断をしていくほうが賢明だろう，という解釈です。ただし，業歴10年以上，たとえば25年の会社であれば，業歴25年の20％は5年になりますので，現本店に移転してきて5年未満であれば迷わず閉鎖謄本を取る，というのを自分の最低限のルールにしています。上記①の「3年」の根拠は「石の上にも3年」ということわざから，②の「20％」の根拠はパレートの法則（＊）から拝借しました。

（＊） イタリアの経済学者ヴィルフレド・パレートが発見した法則。経済において，全体の数値の大部分は，全体を構成するうちの一部の要素が生み出しているという理論。80：20の法則，ばらつきの法則とも呼ばれる。（ウィキペディアより）

もちろんこれは目安であって，①・②の傾向を満たしたからといって，絶対に大丈夫ということではありません。しかし，閉鎖謄本を一つ遡って取る手間くらいは，惜しむべきではないでしょう。いずれにせよ，詐欺的手法の特徴は，「短期間で詐欺を完結する」のが通常なので，①・②の目安は"偽装した老舗"を見破る一つの指針になるのではないかと考えます。

4 中身が入れ替わったと判断するには，どこを見るべきか？

※ ポイント ※
① 閉鎖謄本を見て，複数の登記事項が（ほぼ）同時に変更されていたら，会社の中身がそっくり入れ替わっている可能性が大きい。
② その時には「会社成立の年月日」ではなく，同時に変更登記された日付を実質の「会社成立の年月日」と読み換える（VK社の例）。

一つの新聞記事を検証してみましょう（筆者要約）。
****

取り込み詐欺 被害の中小企業 社長 執念の追跡１年

東日本大震災の被災地に売ると偽り大量の電動工具などをだまし取った取り込み詐欺事件で，被害に遭った中小企業経営者らが１年にわたって詐欺グループを追跡し，警視庁による摘発を後押ししていたことが分かった。

*　　　　　*　　　　　*

東京都大田区の会社は昨年４月～７月，「VK」と称する東京の食品・雑貨販売会社から電動ドリルなどの取引を持ちかけられた。ところが約540万円分の工具を納入した後，全く連絡が取れなくなってしまった。

大量の商品を発注し，代金を払わないまま持ち逃げする「取り込み詐欺」だったと気付いた。

*　　　　　*　　　　　*

大田区の会社社長は「詐欺グループは体力のない零細企業なら追ってこれないと思ったのだろう。新たな被害者を出したくない思いで踏ん張った」と誇りを込めて振り返った。

（2014年（平成26年）12月19日　日本経済新聞）
****

第2章　会社謄本の盲点と偽装の余地

　泣き寝入りがほとんどの取込詐欺にあって，騙した相手方を警察に突き出したというのはまさに執念です。
　さて，このVK社の現在謄本をとりました。資本金は1,000万円で，取締役が4名連ねている株式会社です。そして，前項3のポイントにならって，業歴と現本店に置いてからの経過時間をまとめたのが，次の表です。

<資料5>　本店置籍の経過期間比較表

現本店に置籍して からの経過期間	取込詐欺発覚時の業歴	閉鎖謄本チェック目安期間
4か月 (平成25年3月7日 〜同年7月)	7年8か月 (平成17年11月8日 〜同年7月)	3年

※　詐欺発覚時の2013年（平成25年）7月を基準月として計算しました。

　現本店に置籍してからたったの4か月です。石の上にも3年どころではありません。いくら業歴が8年近くもあるとはいえ，この現在謄本だけでVK社の良し悪しを決めるには，あまりに材料が甘すぎます。
　ということで，閉鎖謄本を入手してみると，現在謄本だけでは窺い知れない情報がこれでもかと飛び出してきました。次の，抜粋した目的欄と，そのほかの登記項目を要約した表をご覧ください。大きな変更あり，と感じるほかありません。

＜資料6＞　抜粋した目的欄の抜粋（会社謄本表記のママ引用）

目的		
	1	コンピューター関連機器の販売及び情報提供サービス業
	1	インターネットを利用した情報処理サービス業及び情報提供サービス業
	1	通信販売業
	1	国内外投資先の斡旋及び仲介
	1	経営・労務コンサルタント業
	1	衣料品，食料品，家庭用雑貨品の製造販売
	1	化粧品，香粧品，衛生用品，医薬品，医薬部外品の製造販売
	1	家具，什器類の製造及び販売
	1	介護関連サービス及び介護用品の製造，販売，リース業
	1	前各号に付帯する一切の事業
	1	健康食品及び健康機器の販売
	2	通信機器及び電子製品の販売
	3	日用雑貨及び衣料品の販売
	4	食材及び食料品の販売
	5	建築資材の販売
	6	前各号に付帯する一切の業務

平成24年2月20日変更　平成24年2月21日登記

この目的欄をみて，あなたはどのように感じますか。

会社も人も，経歴や蓄積された経験を活かして，次の事業展開をにらんでいくのが普通です。コンピューターやインターネット事業に携わっていた人が，急に電気ドリルを販売するとは，ちょっと考えにくいことです。これまでの事業をすべて放って，ゼロから畑違いの分野に参入することもなくはないでしょうが，レアケースといってもいいでしょう。

＜資料7＞　VK社閉鎖謄本　各項目を要約した一覧表

変更箇所	変更内容	変更日	登記日
商　　号	VS → VK	平成24年2月20日	平成24年2月21日
目　　的	大幅変更（資料6参照）	平成24年2月20日	平成24年2月21日
役　　員	全員入替（資料8参照）	平成24年2月1日から3度の変更	平成24年2月26日から3度の登記
本店移転	港区 → 東京都稲城市	平成25年3月7日	平成25年3月13日

おまけに，商号を変更し，役員が総入替えになっています。まったく中身の違う会社になってしまったと推察して間違いありません。

<資料8>　役員に関する事項　異動の要約

平成24年1月31日時点の取締役		A氏（代取），B氏，C氏
平成24年2月1日	取締役の辞任（※1）	A氏（代取），B氏，C氏
	取締役の就任（※2）	D氏（代取），E氏，F氏 （→総入れ替わり）
平成24年8月19日	取締役の辞任	D氏（代取）
	取締役の就任	G氏（代取）
平成25年1月10日	取締役の辞任	F氏，G氏（代取のみ辞任）
	取締役の就任	H氏（代取），I氏
平成25年3月7日（本店移転）時の取締役		E氏，G氏，H氏（代取），I氏
取込詐欺発覚時（平成25年7月）の現在謄本の取締役		E氏，G氏，H氏（代取），I氏

　閉鎖謄本から導けることは，平成24年2月に登記の変更が集中しているということで，特に「役員欄」は全員が入れ替わっている点（資料8の※1及び※2）が目を引きます。そして「目的欄」。従前と重なる目的があるにせよ，おおむね新しい事業目的へと書き換えられています。また商号にも一部変更があり，これら3点がほぼ同じ時期に行われています。耳障りよく表現すれば，「オーナーチェンジがあった」ということですが，所詮は実体のない会社を買い取ったに過ぎないということでしょう。

　このようにして閉鎖謄本に登記されていた事項を読み込んでいくと，VK社の実質的な「会社成立の年月日」は，平成24年2月と見るのが極めて妥当でしょう（資料9）。役員が総入れ替えになったこと（資料8の※1・2），会社目的が従前と違ってしまっていること（資料6）が，その決め手です。

<資料9>

	1	前各号に付帯する一切の事業
	1	健康食品及び健康機器の販売
	2	通信機器及び電子製品の販売
	3	日用雑貨及び衣料品の販売
	4	食材及び食料品
	5	建築資材の販売
	6	前各号に付帯する一切の業務

実質的な会社成立の年月日

平成24年2月20日変更　平成24年2月21日登記

　よって、現本店を置籍して4か月しか経っていないVK社の現在謄本を見て、「ああ、資本金は1,000万円で、業歴が8年弱もある会社だな」と判断してしまったとすれば、後々手痛いやけどを負うことにもなりかねません。

5 会社分割にどんなウラが隠されていたか？

※ ポイント ※
○ 会社分割制度によって設立された会社の資本金は，登記の申請をするときに資本金の額を具体的に示すエビデンスを添付する必要がないので，申請者の思うままに資本金の金額を捏造できてしまう余地がある。

さてこのVK社について，新聞記事に1行も報道されなかった事実を披露しましょう。閉鎖謄本を見れば，役員や目的などがほぼ同時に変更され，企業実態が本当にあったのかが甚だ疑問であることは，理解していただけたと思います。

実際にこの事件は，休眠会社を悪用した取込詐欺の典型例であり，

「取り込み詐欺を行うグループは数カ月ごとに会社を変え，大量の商品を持ち逃げする手口を繰り返す。休眠会社を利用することが多いのも特徴だ。」
「法人登記を見て，最近になって社名変更したり，役員が大幅に入れ替わったりした会社には要注意」

と注意喚起までしていました（日本経済新聞）。

VK社の閉鎖謄本の「登記記録に関する事項」には，見慣れぬ文言が登記されているのに気が付きます。これまで紹介してきましたのは「○○から本店移転」と登記されていたケースでしたが，この閉鎖謄本は「分割により設立」と登記されています。読んだままのごとく，細胞分裂のように会社が分かれて，新しくできあがった会社であることを表しています。

「分割により設立」の登記には，どのようなウラが隠されているのでしょうか？

＜資料10＞　VK社の閉鎖謄本

会社成立の年月日	平成17年11月8日 ←(2)
登記記録に関する事項	千葉市中央区○○二丁目2番2号株式会社丙＆丁から分割により設立 ←(1) 平成17年11月8日登記 ←(3) 平成25年3月7日東京都稲城市▽▽▽333番に本店移転 平成25年3月13日登記 平成25年3月13日閉鎖

　「会社分割」は，企業が柔軟に組織を再編し効率的な経営ができるようにするため，高収益部門を独立させたり，不採算部門を切り離してリストラを進めるのに使われる手法としてよく知られています。しかし，金銭を詐取することを生業とする虚業家や詐欺集団にとって，この「会社分割」はメリットばかりの実に魅力的な制度に映るようです。

　新設分割を繰り返した挙句に，数百という膨大な会社が設立され，しかもそうやって設立された会社が，ヤミ金融・架空請求・詐欺・出会い系サイトに悪用されるなど，犯罪の温床になってしまった事件が現に起こっています。

　このVK社についても，異常な細胞分裂の「末裔」だったわけですが，記者が忙しくて気づかなかったのか，閉鎖謄本を遡るが面倒だったのか，とにかくVK社の会社分割（資料10(1)）については，1行も記事になっていません。

　私は，会社の分割計画書を作成する専門家ではありませんから，新設分割の会社ができ上がる登記手続きについては割愛しますが，こうした詐欺事件の裏で「会社分割」が悪用されたというのは，まぎれもない事実でしょう。

　会社分割の場合には，新しく会社が分割し設立された日が「会社成立の年月日」（資料10(2)・(3)）となりますから，「見せかけは老舗の会社」に仕立て上げる細工はできません。会社成立の年月日の変更ができないことは，既に説明しました（前出の1項ポイント①）。その代わりというのは語弊がありますが，詐欺集団にとっては「安くて簡単に会社を設立できる」ことが最大のメリットです。

　実は，この「安くて」というのが非常に曲者です。ざっくりといえば，約10

万円の登録免許税で資本金1,000万円の会社を設立することができるのです。犯罪集団にすれば，こんなにコストパフォーマンスのよい制度はありません。いわば「10万円で1,000万円が買える」式の珍奇な演出を，会社分割の制度を悪用してやってのけることができるのですから，とてもおいしい話です。

おかしな登記が起こるワケは，会社分割を法務局に申請するときに提出する書類にあります。「資本金の額の計上に関する証明書」（資料11）と呼ばれる書類がそれです。なにやら堅苦しい文言ですが，要するに，新しく分割して作る会社の資本金は1,000万円です，ということを表した書面です。

<資料11>

資本金の額の計上に関する証明書

株主資本等変動額（会社計算規則第49条第1項）

　　　　　　　　　　　　　　　　　　　　　金10,000,000円

新設分割設立会社の資本金の額10,000,000円は，会社法第445条及び会社計算規則第49条の規則に従って計上されたことに相違ないことを証明する。

平成○○年×月△日

　　　　　　　東京都××区○○○1丁目1番1号
　　　　　　　□□株式会社
　　　　　　　代表取締役　△△△△　印

ポイントは，「証明書」と題してあっても，1,000万円が存在するというエビデンス，たとえば残高証明・通帳コピー・決算書などといった資料を添付する必要がない，ということです。「そんなザルでいいの？」といいたくなりますが，会社を分割して新会社を設立しようと考えている99.9％以上の方々は，制度を悪用しようなどと思っているはずがありません。事業の効率的な経営を目

指し，同時に1,000万円に見合う資産がきちんと存在しているからこそ，会社分割を考えていますので，この証明書にエビデンスを添付しようがしまいが，関係ありません。

　逆に，実態があるわけですから，1,000万円のエビデンスなど添付しないほうが「面倒がなくて楽でいいや」といった程度のことでしょう。よって，証明書にエビデンスを添付しないことにも，十分な妥当性があるのです。

　一方，詐欺を企図する輩には，潤沢な資金などありません。ゆえに，もしこの証明書にエビデンスの添付が要件になっていたとすれば，『通帳や残高証明，決算書の偽造』というリスクをさらに冒さなければなりません。ところが幸いにして，証明書にエビデンスの添付は要件になっていませんから，騙くらかして金品を掠め取ってやろうと考えている人種なら，「資本金の額の計上に関する証明書」を捏造することくらい朝飯前でしょう。

　乱暴な物言いですが，偽造するよりは捏造するほうがまだ楽な気がします。その結果としてこの制度が悪用され，大変残念なことですが，事件の温床になってしまったのです。

第2章　会社謄本の盲点と偽装の余地

6　VK社は"会社分割"密集地帯の出身者

※ポイント※
① 閉鎖謄本に「会社分割」の欄があり、短期間に頻繁な（例：毎月、毎週など）分割があった場合は要注意である。
② ①は、架空会社を作り出すための手法として悪用された可能性がある。

　VK社は、平成17年11月8日に株式会社丙＆丁から新設分割して設立された会社だということは、＜資料10＞『閉鎖謄本』の「登記記録に関する事項」からわかりました。
　では、さらに遡って、VK社の「母胎」はどんな会社であったかを確かめてみることにしましょう。
　千葉市中央区に本店があった㈱丙＆丁の閉鎖謄本の「会社分割」欄を抜粋（一部省略）しました。

＜資料12＞　VK社の分割会社である㈱丙＆丁の閉鎖謄本

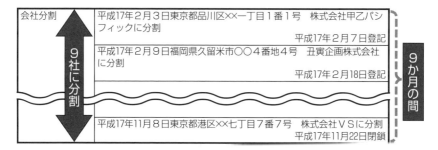

　驚くことに、VK社（その前の商号はVSで、本店は港区）のほかに、分割してできた兄弟姉妹会社が8社もあり、それもわずか9か月の間に行われていたのです。まるで、受精卵の細胞分裂のようです。
　たしかに、このような会社分割の登記は法律上可能ですし、何ら問題はありません。しかし、経営実務の観点からこの会社分割欄を見たとき、こんな短期

間に㈱丙&丁から9社もの会社が新たに生み出されたことに，果たしてどのような意味合いがあって，そしてその意味をたとえば取引先へきちんと説明ができるのかは，甚だ疑問です。

不可思議な登記に，疑念が次から次へと湧き出てきます。今度は「資本金の額」を軸に，分割会社である㈱丙&丁と，設立会社である㈱VK社ほか8社との関係を考えていきましょう。

丙&丁の資本金は1,000万円でした。丙&丁から分割してできたVK社の資本金も1,000万円です。それでは，ほかの8社はどのような資本金の額になっているかなどを，実際に会社謄本を取得して調査して，一覧表にまとめてみました。

<資料13> 分割会社及び設立会社の一覧

分割会社	商号（仮称）	本　店	資本金	会社成立日
	㈱丙&丁	千葉市中央区	1,000万円	平成15年10月9日

分割

設立会社	商号（仮称）	本　店	資本金	会社成立日	登録免許税
1	㈱VS（その後VKに商号変更）	東京都港区	1,000万円	平成17年11月8日	10万円
2	㈱甲乙パシフィック	東京都品川区	2,000万円	平成17年2月3日	17万円
3	丑寅企画㈱	福岡県久留米市	1,000万円	平成17年2月9日	10万円
4	卯辰パラダイス㈱	東京都港区	1,000万円	平成17年4月11日	10万円
5	辰巳サンバーナーディノ㈱	東京都渋谷区	1,000万円	平成17年5月24日	10万円
6	丙午ライフ㈱	東京都港区	1,000万円	平成17年6月13日	10万円
7	壬申ジャパン㈱	さいたま市南区	1,000万円	平成17年6月13日	10万円
8	㈱戊申フーズ	東京都千代田区	1,000万円	平成17年8月29日	10万円
9	㈱庚申スタジオ	東京都目黒区	1,000万円	平成17年9月7日	10万円

分割会社の資本金	1,000万円
設立9社の資本金総計	1億円
設立に要した登録免許税の合計	97万円

分割後も存続している丙＆丁社の資本金が1,000万円である一方で，設立された9社の資本金合計は1億円にものぼります。母体の資本金は1,000万円しかない会社なのに，どうして1億円もの資本が捻りだせるのかと思いますが，設立会社1〜9の資本金は，分割会社である丙＆丁の「資本勘定」から分配されるという立てつけになっています。

　要するに，丙＆丁社は，資本金のほかに準備金と剰余金が潤沢にあるという前提のために，9社もの設立会社を可能にしたわけです。

　「1億円を証す通帳コピーや残高証明」といったエビデンスを添付することなく実際に設立の申請はできたのですが，とはいえ，各々の会社に1,000万円に見合った資産が「本当にあったの？」かは確認のしようがありませんから，書類を捏造した可能性も否定できないでしょう。

　もう一度，表を見てみましょう。

　「登録免許税」は分割して会社を設立する際に法務局へ支払う税金ですが，設立会社の法務局に資本金×0.7％を，分割会社の法務局に3万円を，それぞれ納める必要があります。したがって，資本金1,000万円の設立会社のために10万円（1,000万円×0.7％＋3万円），2,000万円の資本金ならば17万円の登録免許税を支払う必要があります。もし，丙＆丁が悪辣な集団で架空会社をでっち上げるために会社分割を企図したならば，97万円の登録免許税で，9社設立の資本金総額1億円の会社群を作り上げてしまったことになります。前項5で「10万円で1,000万円が買える式の珍奇な演出」といったのは，こんなカラクリがあるからなのです。

　VK社の事件報道は，「取込詐欺」「容疑者を警察へ」について書かれるに留まっています。しかし，分割会社の㈱丙＆丁まで遡っていけば，悪事を働く可能性を秘めていたことは，会社謄本の形式から判断できたかもしれません。とはいえ，新聞記者もわざわざ事件に関係ない取材はしなかったでしょうから，記事で「会社分割」について一切触れることはなかったのだと，私は考えます。

　現在謄本1通・閉鎖謄本2通の計3通，金額にしてわずか1,000円強のコス

トで，VK社が「会社分割」からでき上がった会社であり，VK社のほかに8社が短期間に設立されていたというネガティブ情報を入手できるのですから，手間を惜しむべきではないでしょう。

　もちろん，VK社以外の設立会社2～9の与信判断を，会社謄本の形式のみで断定するのは軽率でしょう。分割設立の経緯はともかくとして，今は実態が備わっている企業であることを心から願ってやみません。

　これらの閉鎖謄本の履歴と新聞記事からいえる事実は，次の2点です。

① 分割して設立されたうちの1社であるVK社が，取込詐欺の主体として悪用されたこと。

② きわめて短い期間で設立された会社群が散見されたこと。

　したがって，これらの会社から取引を迫られた場合は，会社設立当時の経緯を素直に質問をしてみて，どういう回答をするかを見極めること，これが与信判断の根幹だと考えます。

7 会社分割を悪用した事件から見えること

※ポイント※
① 架空会社を演出する人物・グループや，架空会社とわかっていてそのような会社を購入する人物は，商道徳に欠ける傾向がある。
② ①が関わった形跡のある会社と取引を検討する場合は，会社設立の経緯を質問して説明を受けることがリスクヘッジになる。

2013年（平成25年）に会社分割を悪用し，首謀者が警察に逮捕されるという事件が起こりました。新聞記事を見てみましょう（筆者要約）。
****

分割制度悪用し架空会社　200社以上売却か

会社分割制度を悪用し，架空会社を作ったとして，広島県警は25日，電磁的公正証書原本不実記録・同供用の疑いで男1人を逮捕した。捜査関係者によると，生活困窮者らを社長にして，200社以上が設立されたとみられ，1社20万～30万円で詐欺グループに売却された疑いがある。

＊　　　＊　　　＊

M容疑者らは09年1月，衣料品販売「寅・寅・寅」を東京都渋谷区に資本金1000万円で設立したなどとする，虚偽の申請書を東京法務局渋谷出張所に提出していた疑いが持たれている。

＊　　　＊　　　＊

買収した休眠会社などから，「寅・寅・寅」を含めて200～900の会社が分割・再分割されて設立された。社債詐欺や未公開株詐欺などの犯罪グループからの発注を受け，1社20万～30万円で売却した可能性が高いという。

（2013年（平成25年）2月25日　毎日新聞　夕刊）

****
記事によれば，寅・寅・寅社は，実態がないのに虚偽の申請書を法務局に提

出した，という容疑を持たれているとのこと。報道時点で，この会社が事件を引き起こしたわけではありませんが，寅・寅・寅社のような架空会社は犯罪の温床になりやすいと指摘しています。

それでは，寅・寅・寅社とはどのような遍歴を経た会社なのか，合わせて，この会社の現在謄本を手にしたとしたら，どうして閉鎖謄本まで遡って検証してみる必要があるのか，について見ていきましょう。

会社謄本の分量が大変多いので，1通の現在謄本と4通の閉鎖謄本の特記事項をまとめたのが，次の表です。

<資料14>　「寅・寅・寅」社の会社謄本変遷

	商　号 （　）内は本店	本店置籍期間
		特記事項
現在謄本	寅・寅・寅㈱ （渋谷区）	平成21年8月1日〜平成25年2月25日（新聞報道日）
		① 渋谷区に本店を置籍して3年半経過 ② 会社設立の年月日は平成21年1月21日 ③ 本店移転日から会社成立日を差し引くと，前本店での置籍期間は半年と短期間と判明
閉鎖謄本1	寅・寅・寅㈱ （千代田区）	平成21年1月21日〜平成21年8月1日
		① 資本金1,000万円 ② 登記記録区に「㈱ビッグ河川から分割設立」とある
閉鎖謄本2	㈱ビッグ河川 （多摩市）	平成15年9月6日〜平成21年1月21日
		① 資本金1,000万円 ② 8社に分割（平成20年11月〜平成21年4月） ③ 平成21年5月目的欄を大幅変更，同年8月豊島区へ本店移転 ④ 平成27年商号変更，豊島 → 大阪へ本店移転
閉鎖謄本3	㈱ビッグ河川 （品川区）	平成15年8月28日〜平成15年9月6日
		登記記録区に「㈲蘭ユニバーサル」を組織変更とある
閉鎖謄本4	㈲蘭ユニバーサル （品川区）	平成10年11月10日〜平成15年8月28日
		① 資本の総額300万円 → 700万円 → 1,000万円 ② 会社目的は設立時と大幅変更

まずは，現在謄本から。ざっと見ただけでは，何の変哲もない会社といえそ

うです。業歴は3年半（事件報道当時を起算日と考えて），資本金は1,000万円です。

前出の3項で，「現本店に移転してきて3年以上経過していれば，あまり心配はいらない」と述べましたが，この現在謄本には，もっと細かく見るべきポイントがありました。

それは，「登記記録区」です。前本店の千代田区より本店が移転してきていますが，「本店移転日」と「会社成立の年月日」の引き算から，寅・寅・寅社は設立後，わずか半年で本店を移転してしまっています。第1章で，「本店置籍期間の短いときは要注意」と述べましたが，この寅・寅・寅社も同様のケースと考えて，ぜひ閉鎖謄本を取得していただきたいと思います。

次に，閉鎖謄本1です。ポイントは，登記記録区で「分割」の登記に気付かなければなりません。設立とはいっても「㈱ビック河川から分割」してできた会社です。ゼロから設立された会社とはいいがたいですから，分割会社のDNAを引き継いだ，と考えるのが妥当でしょう。よって，受け継がれたDNAの特徴は，ぜひとも知っておきたいところです。

そこで，閉鎖謄本2です。この閉鎖謄本まで遡ることができれば，与信判断としては合格点です。実際に見れば明らかで，ネガティブ情報が満載です。

分割会社である㈱ビック河川は，資本金1,000万円。平成20年11月〜翌4月の5か月で8社も分割されています。しかも新聞報道によれば，資本金1,000万円で分割して設立された寅・寅・寅社は虚偽申請の疑いがあるということですから，ほかに新設された7社の資本金はもとより，ビック河川社の資本金1,000万円すら，果たして実態があったのかどうかも，かなりの眉唾モノといえるでしょう。このあたりの経緯は，前項6の『VK社は"会社分割"密集地帯の出身者』と酷似しています。

さて，ビック河川社は8社もの会社を産み落としたあと，平成21年8月に豊島区へ本店を移転後，まったく動きが止まってしまいます。ところが，新聞報道があった2年後の平成27年9月には登記に変更があり，商号を変えたうえで，

大阪へ本店移転していきました。まるでほとぼりが冷めたかのごとくです。

　ここまでくれば、閉鎖謄本３～４の情報など、もうおまけのようなものです。

　記事には、１社20万～30万円で売却された可能性が高いとありました。読売新聞の報道では、40万円で請け負ったともされています。売却平均額を40万円として、原価たる登録免許税が１社10万円。まともな司法書士なら、こんな仕事を受けるわけがありませんから、すべて登記申請を自分で行うとして１社当たりの粗利が30万円。㈱ビック河川は８社に分割していますから、この事案で30万円×８社＝240万円になります。

　また、全体で200～900の分割・再分割があったとも記事にありますから、ざっと計算して6,000万円～３億6,000万円の荒稼ぎということになります。この事件は法務局、つまりは国を騙した行為にほかなりませんから、詐欺事件の一つといってもいいでしょう。

　さて、閉鎖謄本２までの情報で、寅・寅・寅社の与信判断をするための質問材料が、十分に収集できました。あなたはコンサルタントとしてこう聞かなければなりません。

　『㈱ビック河川社は、なぜ８社もの会社分割を行う必要があったのでしょうか？』

　『分割した各社の役割を教えていただけないでしょうか？』

　『短期間に分割したのは、なぜなんでしょうか？』

などなど、相手が答えに窮する質問がどんどん浮かんできませんか。いやもしかしたら、寅・寅・寅社は、今は真面目な会社に変貌していることだってあるかもしれません。会社設立の経緯を質問したら、『確かに、当初は架空会社を買いました。でもそれには、これこれこういう事情があったからなんです・・・。』と、ネガティブ情報を進んで説明してくれ、逆に信頼関係が増すということだってあるかもしれません。材料を集めて相手に尋ねる、これを怠らないだけで、十分なリスクヘッジになるはずです。

　いずれしても、現在謄本しか取得していなければ、寅・寅・寅社に対する判

断材料は，ここまで広がらないでしょう。閉鎖謄本2通，金額にしてわずか674円で，昼のお弁当代くらいの謄本代が，こうした事件の被害に遭う確率を低くしてくれるのです。

8 過去がバレたら具合の悪いVK社

※ ポイント ※
① 詐欺グループは，頻繁な変更登記にモラルなきメリットを見出している。
② 都合の悪い過去を隠蔽し，現在謄本を見栄えよく整え，相手を錯誤させることが，①の目的である。
③ コンサルをする場合は，閉鎖謄本には，「公にすると対外的信用を失うネガティブ情報が潜んでいる」という意識をわずかでも留めておくことが大切である。

　取込詐欺の事件に登場した「VK」は，㈱丙＆丁から分割した会社群の一つでした。こういった会社謄本をとことん遡っていくと，どういう変更登記を経て終点（会社が設立された本店）に辿りつくのかを図示します。
　詐欺的行為を働く集団は，金品を騙し取る仕掛けに心血を注いでいます。その細工や手法は奇想天外とも荒唐無稽ともいえるでしょう。そんな無茶ぶりの一端が，会社謄本の遍歴にまざまざと現れてくると考えます。
　この記事になったVKの閉鎖謄本を後追いしていくだけでも，「詐欺集団はここまで登記をいじり倒すのか」と実感することができます。敵ながら，その執念には脱帽するしかありません。そんなVKの商号・本店の変遷を一覧表に作成し，その変貌ぶりをまとめました。商号変更や本店移転があまり頻繁に行われているので，仮称として付けた「丙＆丁」以前の商号は，単にアルファベットで表記しました。あまりに変更数が多いため，一つ一つ仮称を考えるのが大変だったので断念です。
　この事例は，こうした遍歴を疑似体験していただくことで，危機意識をしっかりと高めていただくのが目的です。「まさか，そんな手の込んだ仕掛けなどしてくるまい」という，その「まさか」を突くことが，詐欺集団の真骨頂といえるのです。

第2章　会社謄本の盲点と偽装の余地

<資料15>　VK社　商号・本店の変遷一覧表

変更回数	変更箇所	商　号	本　店	変更日
1	本店	VK	港区 → 稲城市	平成25年3月7日
2	商号	VS → VK	港区	平成24年2月20日
3	分割	丙&丁 → VS	千葉市 → 港区	平成17年11月8日
4	商号	A → 丙&丁	千葉市	平成17年7月5日
5	本店	A	中野区 → 千葉市	平成16年2月11日
6	商号	B → A	中野区	平成16年1月20日
7	分割	C → B	豊島区 → 中野区	平成15年10月9日
8	本店	C	港区 → 豊島区	平成15年7月29日
9	商号	D → C	港区	平成15年7月29日
10	分割	E → D	港区 → 港区(別住所)	平成15年7月1日
11	分割	F → E	目黒区 → 港区	平成15年4月2日
12	設立	F	目黒区	平成9年12月5日

（変更回数3〜11の範囲に「約2年半」の注記）

※　→は，変更前→変更後を表しています。

　取込詐欺の主犯であったVK，その前本店住所から閉鎖謄本を遡っていきますと，本店移転・商号変更・会社分割を何度も経てから，Fという会社へと辿り着くことになります。特に，矢印を付けた2年半の部分（資料15の変更回数3〜11）に注目してください。これを見て，あなたはどのように感じますか。

　異様と表現するほか，私には言葉が見当たりません。このような頻繁な変更登記は，詐欺グループにとっては重要な意味があるのでしょうが，普通はこの登記の真意を測りかねるところです。

　そもそも「F」が起源であった「VK」は，Fの商号に辿り着くまでに8度も商号を変え，本店は7度も変えています。そして，2003年（平成15年）から2005年（平成17年）の間に変更の登記が集中しています。普通に企業を経営している方の感覚からすれば，2・3か月おきに社名や本店を変えるというのは，正気の沙汰ではありません。変更登記を繰り返すことに「メリットがある」とするのは到底ありえない話ですが，誰かを「錯覚させる」「錯誤させる」「騙す」ための手段として会社謄本に変更登記を行うのだとすれば，「モラルな

き」という修飾語付きでのメリットは存在することになります。マイナス情報を人目から遠ざけるために本店移転を繰り返すロンダリングしかり，虚偽の資本金を計上してする会社分割しかり，どれもこれも，とんでもない話です。

あなたが調査会社かマスコミ，あるいは余程のもの好きでもない限り，こうした変遷を掴むために，ここまで会社謄本を遡ることはしないでしょう。面倒なだけですから，普通はこんな作業はやりません。結果的に，多くのビジネスマンは，現在謄本の背後に闇を持った閉鎖謄本が存在することを知る機会もなく，よって，詐欺はいつまでたってもなくなりません。これは問題です。

詐欺的行為を弄して不法な収益をあげようとするグループは，この程度のロンダリングなど朝飯前の作業であり，会社謄本をいじり倒して詐欺の準備をしているのです。そんな認識を頭の片隅に置いていただき，顧問先との与信相談に応じていただきたいと思います。手にした会社謄本を遡ってみたら，人に見せられない傷跡を過去に有した会社かもしれない，という意識を心のどこかに持っていただくだけでも，会社謄本を見る意識が変わってくるはずです。

9　VK社の系統図

※ポイント※
① 同時期に多数分割設立された会社は，事件の温床になりやすい。
② 頻繁に繰り返される変更登記と似た性質を有している。

　VKの出発点であるFは，どのように枝分かれしていき，途中どのような会社を産み落としていったのでしょうか。今度は，一連の流れを会社謄本を取得して，一つ一つ確認しながら作成し，Fを頂点にして家系図のようにまとめたのが，次のものです（資料16）。

　この確認作業，実は予想していたよりもかなり時間を要しました。というのは，登記情報提供サービスや法務局で運用しているシステムの制約があり，「えー，こんなにコンピューター化が進んでいるのに，そんなことも対応できないの」と，私には首をかしげるような場面にたびたび遭遇したからです。

　とにかく，インターネットから会社謄本が入手できなかったり，管轄の法務局まで直接足を運び会社謄本の取得を申請しなければならないケースが，続発してしまったからなのです（くわしくは「コラム②」を参照）。幸いに東京23区内の法務局だけで済んだものの，港の法務局の次は渋谷の法務局へ行き，また港の法務局へ・・・と駆けずり回り，ようやくまとめました。

　VKの家系図は，Fを本家，VKを分家の一つに見立てました。本家Fは，すでに「みなし解散」の扱いになっています。いつの頃からかFは休眠会社で，すでに廃れていました。

　役員の状況を平成9年設立の当時から見てみると，目的が油圧機器の販売と修理とその付帯業務の二つしか登記されていませんでしたから，ごく普通の会社であったようです。しかし，残念なことに事業が頓挫してしまったのでしょう，その後は会社登記のみが利用される目的に変質してしまったと考えられます。目的・役員がすべて変わっていました。

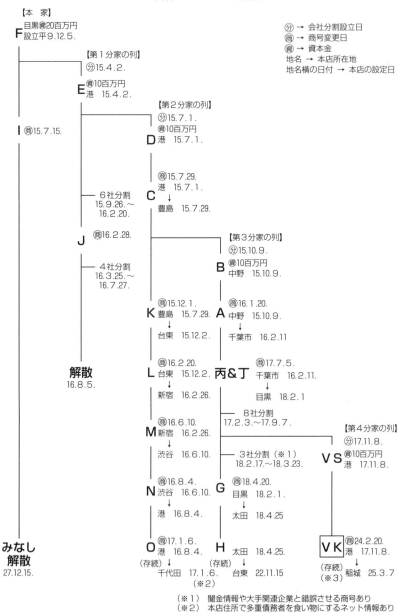

<資料16> VKの系統図

第1の分家であるEは，Dをはじめ六つの会社を産み落とし，Jへ商号変更しました。そののち，さらに四つの会社を産んで解散。Eの設立は2003年（平成15年）4月2日，解散が2004年（平成16年）8月5日なので，わずか1年4か月の命です。会社を分割して設立することが目的だったようですから，私の常識からすると，企業本来の目的とまったくかけ離れた会社だったといわざるを得ません。

　第2の分家であるDは，C→K→L→M→N→Oと商号変更を繰り返し，現在に至っています。Oの本店住所には，大手企業の事業所がありました。もちろん，Oとは一切関係ありません。要するに，Oの実体などまったくないのです。念のため，Oの代表取締役の自宅はどうなのかと住宅地図を確認したところ，該当する自宅を見つけることはできませんでした。さらに，Oの本店住所をネット検索したところ，Oとは別名ですが「多重債務者やブラックリストに載っている人でもクレジットカードが作れる」，そんな怪しげな情報がズラズラ出てきます。実は，Oも金融を連想される商号ですし，地図上でも会社・社長宅両方確認できませんから，何をかいわんやです。

　第3の分家であるBは，Cから産まれました。Bは前項8の＜資料15＞『変遷一覧表』のとおりに，第4の分家であるVKを分割していくのですが，Bそのものの商号は，B→A→丙＆丁→G→Hとなり，現在に至っています。丙＆丁は，VKを分割設立したあとにも，三つの会社を産み落としました。この3社はうちの一つは大手金融機関を連想させる商号を自称し，一つは実在の医療法人をかたってインチキ私募債の勧誘をしていた経緯があり，もう一つに至っては闇金融業者として関東財務局から注意喚起されているというではありませんか。正直，ロクなものではありません。

　第1の分家EはDの他10社，第2の分家Dは1社（B），第3の分家Bでは丙＆丁に商号が変わって12社，都合24社が2003年（平成15年）4月2日から2006年（平成18年）3月23日の3年にわたってでき上がった勘定になり，そのうちの複数社は過去トラブルを引き起こし，VKに至っては新聞沙汰になってしまうという有様でした。また，この24社のうち7社（資料13の設立会社1～

5及び5～8）の現在謄本を取得して，会社を分割していないことは確認しました。しかし，残りの17社はわかりません。もし，この17社がそれぞれに架空の会社分割をしていたら，いったいどれだけの虚偽登記がなされてしまうのか。暗澹たる気持ちにさえなってきます。「買収した休眠会社などから，200～900の会社が分割・再分割されて設立された」（2013年（平成25年）2月25日　毎日新聞）という記事も容易に頷ける話しです。

とにかく，Fに端を発し，VKがかくも複雑怪奇な歴史を経ていることが，よくおわかりいただけたと思います。反道徳的行為を生業とする複数のグループが，入れ代わり立ち代わり介入した挙句の結果といえるでしょう。

とはいえ，この系統図に出てきた会社がすべからくとんでもないかというと，そんなことはありません。現地調査はしていませんが，分割して設立された会社で真面目に経営している人がいることも，ここで付け加えておきます。正直にいえば，たまたま目にした取込詐欺の新聞記事（2014年（平成26年）12月19日　日経新聞）で，事件の主体となった法人の会社謄本を遡っていったところ，こんな構図が炙り出されてしまったのです。

そうしますと，前出7『会社分割を悪用した事件から見えること』の項の2013年（平成25年）2月25日の毎日新聞の記事「分割制度悪用し架空会社」（73ページ）の理解が一層進みます。「分割制度の悪用　→　分割設立法人が事件の主体」の方程式が，この家系図のあちこちに潜んでいるとすら思えてきます。

「10社以上の社長に名義を貸したという生活保護受給者によると」（毎日新聞）のとおり，分割設立されたある会社の代表取締役の住まいをストリートビューで検索してみたところ，会社社長が住むとは到底考えられない古いアパートに行き当たるケースもありました。

会社の与信判断をする際に，変更登記の頻繁さをチェックすることを，一つのプロファイリング作業と考えてみて，会社の良し悪しを暴き出していくことは有効な手立てであると，私は考えます。手にした会社謄本がこのようなとんでもない闇を持っているかもしれない，という意識は常に持っていただきたいものです。

10　虚偽の増資と疑ってみる

※ ポイント ※
① 資本金は，必ずしも現金で出資されるとは限らない。
② 現物出資の制度を用いて，虚偽の資本金をでっち上げる手口を想定しておく。
③ 特に，「500万円以下」の増資が短期間に繰り返し行われているときは，要注意である。

　銀行勤めをしていたころ，「会社をつくるから，株式払込金保管証明書を発行してくれ」という方がときどき来店されました。会社法が施行されていない当時は，通帳のコピーが資本金を準備したことのエビデンスになりません。それゆえ，「金1,000万円は確かに銀行でお預かりしています」という保管証明書を法務局へ提出する必要があり，その業務を銀行が請け負っていました。ところが，この証明書の発行業務は，基本的に「一見さん」はお断りのスタンスです。

　『断るなんて，みすみす商売逃すようなもんじゃないですか。お金を一時預かるだけなんだから。どんどん請けましょうよ。』
　『バカモノ。もし預けに来た人があとでヤバイ筋の方だとわかっても，銀行は「ヤバイ筋とは知りませんでした」じゃ，通用しないんだよ。』
　たわけた質問をした私は，上司からこう諭され，払込保管証明書の発行依頼があったときは，融資と同じように支店長まで稟議を回して審査をしていたものです。
　新聞記事で虚偽増資事件のあらましを見てみましょう（筆者要約）。
＊＊＊＊＊＊＊＊＊＊＊＊＊＊＊＊＊＊＊＊＊＊＊＊＊＊＊＊＊＊
資本金水増し　会社設立
　Q容疑者らは，兵庫県東部の金融機関支店に4口座を開設。300万円を入金

して通帳のコピーを取った後，全額を引き出す行為を繰り返し，各口座の残高が300万円あるように偽装。2006年11月，法務局にコピーなどを提出して資本金が1200万円あるよう偽り，土木会社を設立登記した疑い。

(2011年（平成23年）9月8日　読売新聞)

＊＊＊＊＊＊＊＊＊＊＊＊＊＊＊＊＊＊＊＊＊＊＊＊＊＊＊＊＊＊

　めまぐるしい経済の変化にも対応できるように会社法が施行され，保管証明書ではなく通帳コピーの提出で済むようになりました。それは結構なことですが，こうした偽装が副作用として起こっているのも事実です。ですから，私たちは資本金の額のでっちあげに対する目利きを，しっかり養っていかなければなりません。

　前出の5項では，虚偽の会社分割が行われた結果として，資本金の出処が極めて不明朗な会社が多数設立される仕組みについて述べました。ここでは，資本金の変更登記がなされたケースについて，どのようなウラが潜んでいるのかを想定し読み込んでいくべきなのかを，考えていきましょう。

　次の資料は，NKという詐欺会社の閉鎖謄本で，その「資本金」欄です。

<資料17>

資本金の額			
	金350万円	450万円増資	平成25年5月6日変更 平成25年5月9日登記
	金800万円	500万円増資	
	金1300万円		平成25年5月13日変更 平成25年5月15日登記

　前出4『中身が入れ替わったと判断するには，どこを見るべきか』の項において取込詐欺事件を取り上げましたが，関係者に取材をしたところ，取込詐欺の主人公VK社のほかにも暗躍した法人が複数あり，その一つがこのNKです。
　NKは，上の抜粋の増資時期とほぼ同じころ，商号・目的・役員が一斉に変更登記され，その後，VKと同様に取込詐欺をはたらきました。
　詐欺集団は，虚偽登記のでっちあげを常套手段としている，と繰り返しお話ししてきました。それでは，このNKの資本金に，どのような架空登記が施さ

れる可能性があるのかを探っていきましょう。

資本金の偽装工作，特に取込詐欺のケースでは，次の傾向があります。
① 資本金は最低1,000万円を確保するよう偽装工作する。
② 短期間に複数回の増資が登記されている。

旧商法では一時期，最低資本金という制度がありまして，「株式会社を設立する場合，最低の資本金として1,000万円を要する」という決まり事がありました。どうして1,000万円だったのかはわかりませんが，とにかく1,000万円という金額は株式会社として最低限あるべき資本金だという理屈が国にあったのでしょう。詐欺集団は，そうした考えを下敷きに，株式会社としての体裁を整えるには，資本金1,000万円を登記すべき金額と認識しているフシがあります。

加えて，不法行為が生業です。即席で準備し，悪事を暴かれる前に詐欺的行為を実行して，商品取込後は即逃走がセオリーです。そもそも虚業で実需がないのですから，潤沢な手持資金などあるはずがありません。しかし，増資はなんとしても実行したいとなると，キャッシュを用いず増資する手段を，探す必要にせまられます。そこで，次の表をご覧ください。

<資料18> キャッシュの払い込みなしに増資をするケース

出資の種類	出資できるモノ	ポイント
現物出資1	① 金銭以外の財産（債権・車両など） ② その財産の価格が500万円以下 ※ 会社法207条9項2号が根拠	① 財産の種類と価格評価にエビデンスは必要なし ② 弁護士・公認会計士・税理士などの証明書は不要
現物出資2	① 株式会社への金銭債権 ② 債権は弁済期が到来済み ③ 債権金額以下 ※ 会社法207条9項5号が根拠	価格の評価には，弁護士・公認会計士・税理士などの証明書が必要
無償増資	剰余金を資本金に振り替える	振り替えた剰余金が偽装されたものであったとしても，登記申請書類ではチェックしきれない

金銭で増資すれば，申請登記の際に通帳のコピーが必要になります。増資分はキャッシュで実際に調達し，通帳に入金しなければなりません。しかし，

「現物出資」や「無償増資」を利用すればキャッシュを用いずに増資することが可能です。前述のNKの資本金でいうと（資料17），2度にわたり増資しています。もしキャッシュで増資をしたのであれば，たとえ一時のことであっても，少なくとも500万円の現金を口座に入金しておかなければ，増資の登記は完了しません。

ところが，＜資料18＞現物出資1の手段を用いれば，金銭は不要です。現物出資ですから，供出する財産は車でも債権でもなんでもいいわけです。加えて，現物出資のための財産価格が500万円以下なら，裁判所が選んだ人（検査役）の評価も，弁護士・公認会計士・税理士といった有資格者の証明書も必要ありません。

＜資料19＞

募集株式引受証

① NK株式会社　普通株式　100株
② 引受価格　　　　　金　500万円（1株について5万円）

　後記財産の価格を金500万円と評価し，これに相当する貴社の株式を上記の通り引き受けます。

　平成25年5月13日

　　　　　　　　　　　東京都新宿区×××町1丁目1番1号
　　　　　　　　　　　　　　株式申込人　甲子　丑男

（財産の表示）
　債権者甲子　丑男　と　債権者NK株式会社との間における平成25年4月1日付債務承認契約の債権額金800万円の金銭債権の一部500万円

NK株式会社御中

現物出資1を申請する際に必要となる書類の一例が，この募集株式引受証です（資料19）。この書類には，現物に関するエビデンスを添付する必要があり

ません。

　当然のことですが，99.9％の人は，現物増資の実態にきちんと合致した申請をします。しかし，詐欺的行為を働くような輩が，こんな証文を誠実正直に作るわけがありません。お手盛りよろしく，架空の財産と価格をでっちあげて，申請書類を作成する余地が出てきてしまいます。これを繰り返してしまえば，資本金などあっという間に1,000万円超えです。

<資料20>

閉鎖謄本では変更の履歴を把握できるが……

資本金の額	金350万円
	金800万円
	金1300万円

本店移転

現在謄本では増資の履歴はわからない……

資本金の額	金1300万円

　NKがこうした偽装をしたかの真偽はわかりませんが，詐欺を働くような集団なら，可能性はあります。そして，偽装の資本金を整えたのちに本店の移転を行えば，旧来から資本金1,300万円の会社だったような体裁が整い，見栄えもよくなります。

　逆にいうと，NKのような増資パターン（500万円以下で短期間に複数回増資）を目にしたときは，果たして現金によるものなのか，もし現物出資ならば950万円（1回目の増資450万円，2回目の増資500万円）に見合った財産が会社に本当に提供されているのかと，疑ってみることがリスクヘッジにつながります。

　バランスシートと合わせて，考えてみましょう。

　資本金が増えたならば，相対の資産が増えます。950万円の増資が，たとえ現物出資であったにせよ，実体があれば，その額に見合った有形無形の資産が

存在していいはずです。しかし，偽装増資であれば，そもそも資本金として供出したモノ自体が存在していないのですから，バランスシートの中身は空っ穴です。総資産が増えるわけがありません。

その帰結として，詐欺会社の特徴をうまく表した既出の新聞記事を引用します（2014年（平成26年）12月19日　日本経済新聞）。

<資料21>　取り込み詐欺業者を見抜くポイント

> ○　事務所に書類などが少なく，やけに整然としている
> ○　事務所の窓をカーテンで覆ったり，ついたてで仕切ったりして内部を見えないようにしている

所詮，偽装は偽装です。会社謄本に現れた登記項目が，企業の実体と一致しているか，乖離しているかを目視して，疑問が生じたら素直に質問をぶつけてみる。その結果，相手はどう反応するのか。

どんな質問にも誠実に応対してくれて，説明も納得いくものであれば，付き合いを継続すればよいですし，一方，対応がいい加減であったり，はぐらかされたり，はたまた逆切れするようなことであれば，付き合わなければいいのです。会社謄本を，そのための材料として活用していただきたいと思います。

資本金の登記については，会社謄本には「資本金の額」と表示してあるだけです。「出資した財産の種類」は，どこにも登記されていません。

資本金に頻繁な変更登記を見た時には，「出資は現金に限られる」とはどこにも書いてありませんから，一旦，固定観念から頭を解き放ってみて，

「資本金　≠　現金出資」

「資本金　→　現物出資あり」

と，マインドを切り替えてみることも必要です。

11　役員登記日から推測する反社チェック

※ポイント※
　会社謄本を使った簡単な反社チェックは，二つのアングルからアプローチする。そして，次のどちらかに該当するときは，ワケを質問して反応をみる。
① 暴排条例が施行された時期前後に，大幅な変更登記がないかをチェックする。
② 特殊な組織形態を同時に運営していないかをチェックする。

　ある上場企業が作成した20数ページほどのマニュアルがあり，次のＱ＆Ａが載っていました。

<資料22>　反社会的勢力Ｑ＆Ａ

> Ｑ　「暴力団関係企業を見分けるにはどうすればよいですか？」
>
> Ａ　「商業登記の履歴事項を調べることにより，かつて暴力団関係者が役員に就任していたことがわかる場合があります。また設立当初は通常の会社だったものを暴力団が乗っ取った企業の場合，所在地を移転し，役員が全員入れ替わったり，それまでの事業とは全く関係のない事業が目的に追加されていることがあります。更に，商業登記は存在するが企業活動の実態や実績が不明確な場合もあります。」

　たしかに，このマニュアルに書いてあるとおりですが，当たり前すぎるともいえるでしょう。
　ある企業が反社会的勢力に該当するのか，その正確な情報を持っているのは警察のみです。会社謄本を見て，この企業は反社である・・・・と明確にいいあてる術を民間企業は持っていません。
　それなら，警察は民間からの「反社会的勢力か，そうでないか？」の問い合

わせに，ホイホイと応じてくれるのか？　現実には難しいようです。

　『警視庁幹部も「暴力団との関係が確実な場合でない限り，企業への情報提供は難しい」と認める。』（日本経済新聞　2011年（平成23年）9月28日）
　たしかに，警察の立場になれば，そんな微妙な情報を簡単に提供できるわけがありません。返答の次第では，周囲に与える影響が大きすぎます。回答は慎重にならざるを得ないでしょう。

　とはいえ，手をこまねいていても仕方ありません。「暴力団との関係が確実」とわかってからでは遅いのです。警察，弁護士，頼るべき機関に頼るにしても，知恵をしぼって，民間企業，民間人でもできる情報収集は何だろうか？を模索しないといけません。

　ここでは，＜資料22＞のマニュアルをもっと掘り下げて，反社会的勢力か否かの検証方法について，二つのアングルから考えてみたいと思います。

　一つ目のアングルは，会社謄本の登記事項から考えてみます。
　暴力団排除条例（暴排条例）は，2011年（平成23年）10月1日に東京都と沖縄県で施行され，47都道府県で出揃いました。この時期，暴排条例の関連記事をかなり目にしましたが，会社謄本に関するトピックスとして書かれていた内容を要約すると，次のとおりです。
　〇　（フロント）企業の社名や代表者を変える。
　〇　法人は社名を変え，登記地・資本構成を変える。
　〇　暴力団関係者の間で改姓改名が増えている。
　〇　役員や顧問だった企業から自分の名前を削除する。
　つまり，当時の新聞やマスコミ報道を裏読みすると，暴排条例の施行がきっかけで，反社会的系法人において，商号変更・本店移転・資本金の変更・役員辞任・代表者や役員の氏の変更などの登記が，急増したと考えられることになります。

それでは，東京都における暴排条例は，どんなスケジューリングで施行されたのでしょうか。警視庁や東京都の議会に問い合わせて作成したのが，次の表です。

<資料23> 東京都暴排条例が施行されるまで

意見公募期間	2010年（平成22年）11月15日～28日
条例可決	2011年（平成23年）3月11日
条例公示	2011年（平成23年）3月18日
条例施行	2011年（平成23年）10月1日

「暴排条例を作りますよ」ということで警視庁が窓口になって，一般の方から意見を募ったのが，2010年（平成22年）11月15日から2週間です。さきがけて施行した福岡県をはじめ，他府県ではすでに暴排条例施行されていましたから，東京都でも，遅かれ早かれ施行されるという観測はあったのでしょう。それが2011年（平成23年）に入り，議会での可決・公示・施行という流れが明確になりました。したがって，東京都に本店登記を置いていた反社会的系法人の場合，マスコミ報道にあるような変更登記は，2011年（平成23年）3月の条例公示からしばらくの間に，ピークへ達したのではないかと推測されます。

二つ目のアングルです。今度は，組織の形態という目線から見てみましょう。ウィキペディアによりますと，

　〔相手が反社会的勢力にあたるかどうかをとらえる際には，・・・社会運動
　　標榜ゴロ，政治活動標榜ゴロ，特殊知能暴力集団等，どのような属性を
　　持った相手であるか（属性要件）・・・（略）・・・への着目が重要〕

とあります。この属性要件別に，暗躍しそうな法人形態を一覧にしてみたのが，次の表です。

<資料24> 突然登場してきたら，その運営理由を質問したほうがよい組織形態

属性要件	組織形態	過去に起こった犯罪のタイプ
① 社会運動標榜ゴロ	NPO（※1）	企業恐喝
② 政治運動標榜ゴロ	政治団体（※2）	企業恐喝
③ 特殊知能暴力	ファンド，宗教法人，実質的経営者が存在する法人	脱税，見せかけ増資

（※1） 会社謄本のほか，内閣府のホームページからも情報を入手できます。
（※2） 登記はありませんが，総務省・都道府県選挙管理委員会のホームページからも情報を入手できます。

　ふつうは，まじめにそして真剣に，上表の組織形態を運営している人たちばかりですから，ハナから疑いの目を向けてはいけません。しかし，本来の設立趣旨から大きく逸脱してしまい，税制面での優遇措置があるNPO法人を悪徳商法に利用してしまった例や，宗教活動の実態がないのに非課税の部分だけを悪用する，といった例が散見されてきました。残念ですが，こういう組織形態は，休眠会社と同様，犯罪の隠れ蓑になりやすいのです。
　実際の事件をチェックすれば，
　「環境汚染による危険を防止するという目的でNPOを設立しながら，その実体は『土地に有害物質が埋まっている』と企業幹部を恐喝」
　「債務超過者の救済をうたいながら，入会金を装って債務者から事実上の金利を得たとして代表らが逮捕」（2007年（平成19年）10月14日　産経新聞）
といった事件があり，特殊知能暴力では，休眠状態の宗教法人を活用したり，傀儡をまつりあげて赤字倒産した休眠法人を取引にかませることで脱税をはたらくという事件がありました（2009年（平成21年）1月29日　産経新聞ほか）。
　反社会的勢力の正確な判別は，警察でない限り不可能です。しかし，調査など絶対無理といって放り出すわけにもいきません。といって，インターネットで調べ出すと，本当にキリがない。大変悩ましい問題です。私は，その線引きを，会社謄本の分析に置くのが妥当ではないかと考えます。そして，会社謄本を得た情報をもとに，質問し反応を見るのです。
　そして，取引中の，あるいは取引をはじめようという法人の背後に，＜資料

24＞のような組織形態が何の脈絡もなく登場してきたら，またポストや玄関先にそうした形態を見かけたとき，なぜそのような団体を運営しているのかを，徹底して聞くべきです。

こうしたことを実践するだけで，無用なトラブルに巻き込まれる危険性は，ずいぶん低減されると考えます。

＜参考＞

※　公安委員会は，都道府県ごとに公益財団法人である「暴力追放運動推進センター」を設けて，暴力団の排除活動を民間企業と連携して行っています。

　また，「暴力団員による不当な行為に関する相談事業」などの活動も実施しています。同センターでは，こうした活動目的の賛同者を賛助会員という形で募っており，ホームページがありますので，一度ご覧になってみてください。

12 目的欄から会社の善し悪しを読み解く

※ ポイント ※
① 現在謄本の目的欄を読むときは，四つのアングルを持つ。
② 四つのアングルを通し，四つの傾向（商売の本気度，黒幕のブラック度，詳細情報の入手可能性，トラブルの温床の可能性）をつかみ，善し悪しの判定を下す。

本章の4『中身が入れ替わったと判断するには，どこを見るべきか？』の項では，閉鎖謄本の変更登記の有無から目的欄の読み方を説明しましたが，本項では，現在謄本に登記された目的欄だけから読み解きかたを解説していきましょう。てっとり早くいえば，会社の善し悪しの判断材料を，目的欄の字面からいかに探り出すかです。

その読みこなしには，コツが必要です。目的欄の字面をただ漫然と追いかけても，会社のイメージは具体的に湧いてこないでしょう。当たり前のことしか書いてありませんし，無味感想もいいところです。
　そこで，次の①～④を頭に置き読みこんでみるのが一番です。

第2章　会社謄本の盲点と偽装の余地

<資料25>　四つのアングルと傾向

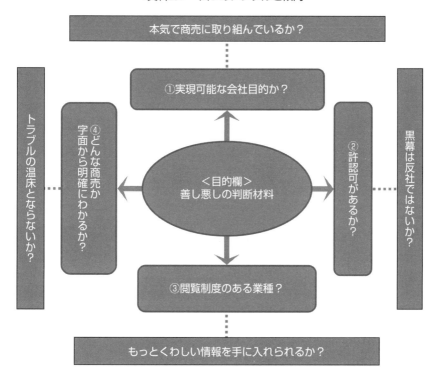

アングル① ── 実現可能な会社目的か？（→ 商売の本気度チェック）

　会社を設立したら，目的欄に沿った経営を行っていくのがあるべき姿です。しかし，到底実現できそうにもない目的が並んでいるとき，この会社は本気でその目的の達成に取り組むつもりがあるのか，と読み替えることができるでしょう。例えば，次のような場合です。

(1)　目的数が異常に多く登記されている。
(2)　複数登記された目的にまったく脈絡がない。

　日本の企業で広範な商売をしているものの一つに総合商社が挙げられますが，その一角である三菱商事でいうと会社目的の数は25。資本金は2,000億円超となっています（2016年6月20日現在）。

97

そこで，(資本金の額)÷(目的数)の式から，一つの目的当たりの資本金の額を計算してみました。三菱商事の場合は，一つの会社目的に対して80億円(＝2,000億円÷25目的)の資本が割り当てられているとみなすことができます。

　一方，悪徳商法が社会問題(「うまい話に潜む罠　高配当，疑似通貨」2009年(平成21年)2月6日産経新聞)となったL社の会社謄本をみますと，目的の数は28，資本金は2,000万円となっています。三菱商事にならって計算すると，一つの目的に割り当てられる資本金は70万円強です。

<資料26>　L社の会社目的（抜粋）

目的		
	14	産業用発電機・電動機・回転電気機械の販売及び輸出入業務
	15	深夜電力を利用した各種電気機器の節電システムの販売及び輸出入業務
	16	小型風力発電装置の販売及び輸出入業務
	17	空調機器・床暖房機器の販売及び輸出入業務
	18	各種バッテリー及びそれらの充電器の販売及び輸出入業務
	19	家具・建具・什器等の住宅設備機器，室内装飾品の販売及び輸出入業務
	20	家庭用電気製品・空気清浄器の販売及び輸出入業務
	21	介護用品・介護機器の販売及び輸出入業務
	22	絵画などの美術品・骨董品の販売及び輸出入業務
	23	書籍・雑誌の販売及び輸出入業務
	24	コンピュータ及びその周辺機器・コンピューターのソフトウェア，ハードウエアの販売及び輸出入業務
	25	事務用機器（コピー・ファクシミリ等）の販売及び輸出入業務
	26	超伝導を利用した海水淡水化装置・給排水装置・海水及び淡水温度調節装置の販売及び輸出入業務
	27	各種商品流通情報の収集・処理・販売及び輸出入業務
	28	前号に付帯する一切の業務

　一つ一つの目的を見ていくと，「超伝導を利用した海水淡水化装置の販売」，「介護用品の販売，輸出入」，「小型風力発電装置の販売」，「美術品の販売」，「ハードウエアの販売」と今一つ脈絡がありません。そして，「超伝導，淡水化，発電」と大がかりなプロジェクトをうたっているわりに資本投下が少なすぎないか，という話です。

また資本投下もさることながら，この計画を実行するためのマンパワーは果たして揃っているのか，と読み取ることもできます。

「目的数がやたらに登記されている会社は，気を付けたほうがよい」，そうお聞き及びになったことがあると思いますが，それは会社の規模によりけりです。目的数が多いから要警戒という単純な見方ではなく，一つの目的当たりの資本金の額を一度算出してみて，「そんな少ない資本で，そんな数多くの会社目的を本当に実現できるのか？」という見方に切り替えられるかが大切です。

アングル② ── 許認可があるか？（→ 黒幕のブラック度チェック）

「宅建業」，「建設業」，「金融業」，私の携わる「探偵業」など，役所への届出や許可なく営業することを禁じられている業種が数多く存在します（登録，届出，許可などの用語に意味の違いがありますが，理解を優先するため「許認可」で統一します）。

したがって，目的欄を「この商売は許認可を必要とするのかしないのか？」の目線でとらえることが大切です。もちろん，行政から許認可を得ている業者だからといって，善良な業者とは限りませんが・・・。

たとえば宅建業者ならば，免許番号の有無で許認可状況がチェックできます。主務官庁は，都道府県か国土交通省。免許を与えた役所に直接電話で問い合わせるか，役所が提供している検索サービスで許認可の調べがつきます。

アングル②でのポイントは，二つです。＜資料27＞のフローチャートもあわせてご覧ください。

<資料27>

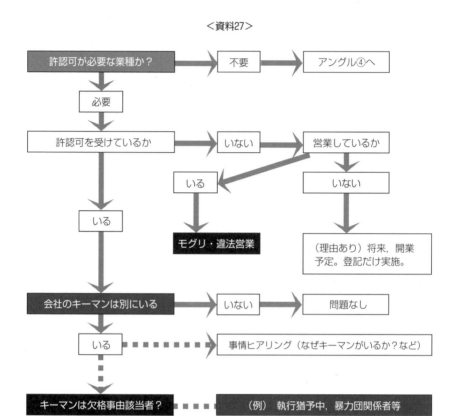

　一つは，許認可なしに営業をしていないか，もう一つは関係者に欠格事由該当がいないか，をチェックすることです。しかし，すぐばれる「モグリ営業」などに，そうそうお目にかかることもありません。よって，会社関係者に「欠格事由該当がいるのか，いないのか？」に重点を置いてチェックしたほうがいいでしょう。

　このごろは，「反社会的行為を生業にする集団は排除する」という考えが浸透しています。私が従事する業界の法律（いわゆる探偵業法）では，探偵業を営むことができない者，すなわち欠格事由者として，「暴力団員」，「暴力団員

でなくなってから5年未満の者」、「執行猶予中の者」が明文化されています。これは、建設業や不動産業においても同様です。

では、欠格事由に抵触してしまう人なら、どうやって業法に対抗するでしょうか。おそらく素性がクリーンな人物を表にたて、あやつり人形よろしく黒幕が操縦する、そういうシナリオに従って、法の目をくぐり抜けるはずです。

後述の第3章の10『実質経営者が牛耳る会社の代表取締役の実態は』の項でも触れますが、新聞の事件報道で「実質的経営者」という肩書を頻繁に目にする理由は、結局、欠格事由該当者は＜資料27＞の構造の中でしか動けないからでしょう。

事実、こんな事件がありました。
＊＊＊＊＊＊＊＊＊＊＊＊＊＊＊＊＊＊＊＊＊＊＊＊＊＊＊＊＊＊＊
　　組長、8億円脱税　　ビル売買絡み　幹部摘発は異例
特捜部の調べによると、γ容疑者らは共謀のうえ、ビルを売却した際、事実上のダミー会社だった不動産会社Hなどが取引に介在したように仮装。ビルの取得時にさかのぼって仕入れ経費を支払ったかのように見せかけ、利益を付け替えていた。Hなどが抱えていた多額の赤字と利益が相殺されるため、課税される所得が発生しないようになっていた。
　　　　　　　　　　＊　　　　　＊　　　　　＊
不動産会社Qがビルの所有権の大半を買い占めたのが1999年ごろ。関係者によると、売買交渉に登場したのが、Qの実質的経営者だったγ容疑者だった。名刺の肩書は「コンサルタント」。低姿勢で口調に威圧的な様子はなかったという。

だが、警察当局によると、γ容疑者は○○組トップに近い存在で、代表幹部の肩書を持っていた。　　　　（2010年（平成22年）1月20日　朝日新聞）
＊＊＊＊＊＊＊＊＊＊＊＊＊＊＊＊＊＊＊＊＊＊＊＊＊＊＊＊＊＊＊
　γ氏は、明らかに欠格事項該当者です。表だって取引の場に登場するわけにはいきません。したがって、＜資料27＞でも示しましたが、実質的経営者（＝

黒幕）に収まり，背後から形式的な経営者（＝傀儡）を動かす。そうせざるを得ないのが実態でしょう。そして，当たり障りない肩書をまといつつ，取引の核心に触れる部分では，現場に出ていく・・・。

いずれにせよ「欠格事項」という概念を意識して，目的欄をチェックすることをぜひ励行してください。

アングル③ ── 閲覧制度のある業種か？（→ 詳細情報を入手できるかをチェック）

役所へ提出した申請書，変更が生じた際に提出した書類を，調査のために自由に閲覧できる制度にしている業種があります。宅建業や建設業は，その典型例です。

<資料28>　閲覧できる情報

2016年（平成28年）6月現在

宅　建　業	建　設　業
○役員などの略歴	○役員などの略歴（※1）
○主要株主（5％以上）	○主要株主（5％以上）
○取引の実績	○工事の実績
○事務所の内部写真	○決算書（※3）　　　など
○決算書（※2）　　など	

（※1）　平成27年4月1日以降の情報は業法が変わり，閲覧が不可になりました。
（※2）　免許申請前の1年分
（※3）　直近の決算書
◎　実際の閲覧手続きは，ホームページや監督官庁へお尋ねください。

「目的欄 → 許認可業種の確認 → 申請書類閲覧」の手順を踏み，会社謄本に登記されていた以上の情報を役所から入手し，その会社の善し悪し判断に役立てる，それがここのポイントです。

業種により開示情報量に差があったり，閲覧制度自体が設けられていないなどはありますが，一度は問い合わせてみることをお勧めします。会社謄本＋α（閲覧情報）の成果を実感できることでしょう。

アングル④ —— どんな商売か，字面から明確にわかるか？（→ トラブルの温床に発展する可能性）

　目的欄を見ても，仕事の内容がいま一つはっきりしない会社謄本があります。こんな会社謄本に遭遇したとき，字面だけで業務がわかった気にならないよう，注意すべきです。

　「具体的に何をメインに収益を上げているのですか？」といった質問の手間を省かないことが大切です。

****

アリバイ会社　初摘発

　仕事や居場所を知られたくない人に虚偽の勤務先などを提供する「アリバイ会社」・・・（中略）・・・　詐欺容疑者から依頼を受け，実際には勤務していないのに「うちで働いている」と役所からの在籍確認にうそ説明したとされる地方税法違反容疑だ。

＊　　　　＊　　　　＊

　「利用者の9割が水商売の女性」と，都内の別のアリバイ会社で責任者をしている男性は話した。・・・（中略）・・・「風俗店で働いていることを隠したい」。職種は外出の多い営業職とし，「勤務先」の電話番号はアリバイ会社の回線にする。女性の関係者から電話が入ると，「ただ今，外出しております」などと対応。家族や恋人に見せるため，"普通の会社"に努めているように装う虚偽の給与明細や源泉徴収票を作ることもあるという。

（2011年（平成23年）9月26日　朝日新聞）

****

　無収入の女性がアリバイ会社から虚偽の源泉徴収票を購入。それを使い役所から所得証明を発行させ，金融会社から5,600万円の融資を騙し取った，というのがこの摘発事件の顛末です。たしかに，アリバイ会社に助けられた女性は多数いると思います。私はその存在を否定しません。とはいえ，ご覧のようなトラブルの温床となりやすいのも事実ではないでしょうか。

　被害に遭った金融会社が，女性の勤務先をアリバイ会社とわかっていたら，

はたして5,600万円もの融資をしていたでしょうか。そして，申込書類からアリバイ会社と判断できなかったのでしょうか。

　記事のアリバイ会社の会社謄本は入手できなかったので，別のアリバイ会社の会社謄本を2通入手しました。それらの目的欄には，アリバイ会社の「ア」の字も書いてありません。以下のように登記されているのみです。
- ○　衛星および電話回線利用の電話通信業務
- ○　通信機器を利用したサービス
- ○　経営コンサルタント

　正直わかったような，わからないような目的欄です。たとえば，在籍確認の電話対応は，アリバイ会社の仕事の一つですから，会社目的の字面どおりです。しかし，どこを読んでもアリバイ会社とは読めません。アリバイが崩れたら，アリバイ会社の意味がないですから，アリバイ会社とすぐバレてしまうような会社目的を登記するはずはありませんが・・・。

　「電話通信業務とは，具体的にどういうサービスを顧客へ提供しているのですか。」

　「どういうクライアントを想定して，どういう経営コンサルをするのですか。」

　結局，こうした問いかけこそが，リスク回避の成否になってきますから，その応答の中から，相手の本業を具体的に見極めるようにしたいものです。

　被害に遭った金融会社は，そこまで突きつめて審査していなかったのではないでしょうか。アリバイ会社とわかって融資するのと，知らないで融資するのとは，全然違います。

　率先して問いかけをし，目的欄の字面にリスクが潜んでいるのかいないのかを，しっかり見極めてほしいと考えます。

コラム②　インターネットで会社謄本が取れないケースとは!?

　登記情報のコンピュータ化が進んだお陰で，パソコンさえあれば事務所に居ながら，会社謄本が入手出来るようになりました。ウェブ上で会社謄本・不動産謄本の提供をしている「登記情報提供サービス」(http://www1.touki.or.jp/)の使い勝手の良さは，価格と共に素晴らしいものがあります。ことに不完全な情報，「本店の所在は，東京都としかわからない」「商号の一部しか，わからない」といったケースでも，それなりの検索が出来るようになっています。

　ところが今回，管轄法務局に出向かないと，どうしても会社謄本を入手できないケースに何度か出くわしました。第2章の9項で示したVK系統図（82ページ参照）を作成するため，中野区のB（資料29）の「登記記録に関する情報」を見て，閉鎖謄本Cをパソコンで取得しようとしたときのことです。商号C，本店豊島区と入力して検索したのですが，何度やってもエラーメッセージとしか画面に出てきません。

<資料29>　B社の登記記録区

登記記録に関する事項	東京都豊島区×××町一丁目1番1号株式会社Cから会社分割により設立 平成15年10月9日登記
	平成16年2月11日千葉県千葉市○○区△△二丁目2番2号に本店移転 平成16年2月20日登記 平成16年2月20日閉鎖

　「おかしいな」と思い，管轄法務局に電話をしました。すると，「Cは別の商号へ変更になりました」「それなら，変更後の商号を教えてもらえませんか？登記情報提供サービスで会社謄本を取りたいので」「規則でお教えすることができません」 食い下がってはみたものの，「決まりですから」の一点張りで埒があかない。

　仕方がないので，豊島の法務局へ出向き，受付で交付してもらった閉鎖謄本Cの概要は，以下のとおりでした。

<資料30> 旧商号Cの閉鎖謄本要約

商号	株式会社　C	
	株式会社　K	平成15年12月1日変更
	③	平成15年12月3日登記
会社分割　②	平成15年10月9日東京都中野区××四丁目4番4号株式会社Bに分割	
		平成15年10月17日登記
登記記録に関する事項　①	平成15年7月29日東京都港区×××五丁目5番5号から本店移転	
		平成15年8月11日登記
④	平成15年12月2日東京都台東区□□六丁目6番6号から本店移転	
		平成15年12月9日登記
		平成15年12月9日閉鎖

　Cの変更履歴をあらためて時系列に整理すると，次の①〜④になります。

①　Cは港区　→　豊島区へ本店移転（7月29日）

②　Cから分割したBが中野区に設立（10月9日）

③　C　→　Kへ商号が変更（12月1日）

④　豊島区　→　台東区へ本店移転（12月2日）

　私の目的は，閉鎖謄本Bの「登記記録に関する事項」（資料29）をたよりに，閉鎖謄本C（資料30）をインターネット取得することでした。Cを取得するには，③の商号Kの情報が必要だという。ところが，③の変更履歴は，手元の閉鎖謄本Bには一切載っていません。CからBが分割されたあと，商号変更があったのですから当然です。閉鎖謄本Cを入手して初めてわかる事実です。

　それなのに，閉鎖謄本Cの取得に際し，登記情報提供サービスは商号Kの情報を入力しない限りエラーメッセージが画面に表示され，法務局では，商号Kの情報提供は電話では応じられないという。

　「そんなのお役所サイドで，何とかして解決してくれよ」と思いますが，とにもかくにも，会社登記のコンピュータシステムは，商号の変更があった場合には，最終商号のみが検索に引っかかる仕組みになっているようなのです。

上記の流れを，会社謄本のサンプルとともに，以下の表にまとめ直してみました。

<資料31>

商号				
	(イ)	株式会社　申		
		株式会社　酉	平成25年4月21日変更	
			平成25年4月24日登記	
	(ア)	株式会社　戌	平成25年9月29日変更	
			平成25年10月8日登記	

<資料32>

	登記情報提供サービスで会社謄本が	本店以外の法務局で会社謄本が	本店がある法務局で会社謄本が
(ア) 会社謄本の最も新しい商号「戌」がわかっている	取れる	取れる	取れる
(イ) 会社謄本の閉鎖された商号「申」「酉」しかわからない	取れない	取れない	取れる

　Bから遡ってきた私は，商号Kが分からない限り，「Cの会社謄本はここでは取れません。豊島の法務局でお願いします。」といわれてしまうのです。正直，これだけコンピュータ化が進んでいるのですから，「たかがこれしきの利便性くらい，利用者のために高めてくれればいいのに・・・」と思いますが，法務局は法務局で，民間には理解しがたい何か理由があるのかもしれません。

　前出9項の系統図（82ページ）を作成するにあたって，そんな障壁にぶつかり，都度法務局へ行かなければならなかったので，まとまるまでにかなり時間がかかりました。次の(1)，(2)は，法務局の受付に行かざるを得なかったケースです。

　(1)　B → C，D → E，E → Fのケース
　　　会社分割後，CはK，EはJ，FはIにそれぞれ商号が変わって

いるため，手元で把握している商号は「閉鎖された商号」（資料31(イ)のケース）である。
(2) 第2分家の列：K → L，L → M，M → N，N → O
第3分家の列：丙＆丁 → G，G → H
第2分家・第3分家の六つのケースは，いずれも本店を移転したのちに商号変更をしている。したがって，移転前にわかっている商号はすべて「閉鎖された商号」（資料31(イ)のケース）である。

したがって，(1)及び(2)のケースは，登記情報提供サービス，本店以外の法務局では会社謄本を遡って取ることができないことになります（資料32(イ)のケース）。もっとも，現在謄本からどんどん遡って閉鎖謄本を追いかける場合は，会社分割が絡んでくる場合を除き，その会社の最新商号が登記記録区からわかりますから，多くの場合は登記情報提供サービスの検索で十分対応できるはずです。与信判断をするのに，VK系統図のような複雑怪奇なチャートを作る必要などないでしょうから，そうと考えれば，いまのシステム運用でも問題ないといえるわけか・・・。

【推　測　編】

会社謄本と他の資料を組み合わせて
「数字を造る」

「数字を造る」と「政府統計ほか」の関係図

商号	株式会社　C
本店	東京都○黒区△△一丁目1番1号
公告をする方法	官報に記載する
会社成立の年月日	平成3年9月○日
目的	1　土木・建築工
資本金の額	金1200万円
役員に関する事項	東京都○区×丁目○番○号 代表取締役
登記記録に関する事項	平成20年5月○6日

- 不動産謄本（所有権・抵当権）
- 中小企業実態基本調査 ⇨ 賃料と売上高の比率（9）
- 中小企業実態基本調査 ⇨ 従業員数（3）
- 法人企業統計 ⇨ 売上規模（4），設備投資余力（4）
  　　　　　　　　　増加運転資金チェック（5）
  　　　　　　　　　役員・従業員年収（7）
- 民間給与実態調査 ⇨ 役員・従業員年収（7）
- 不動産謄本（抵当権情報）⇨ 年収（6）
- 国勢調査 ⇨ 代表取締役の信用力（8）
- 家計調査 ⇨ 住宅ローン返済比率（6）
- 住宅地図 ⇨ 実質的経営者の有無（10）

第3章　会社謄本から決算や年収を
　　　　　ひねり出してみる

1　政府統計を引用し突破口を開く

※ポイント※
① 頻繁な変更登記や，休眠会社の存在がないときは，政府統計と現在謄本を組み合わせてベンチマーク（指標）を造ってみる。
② その指標を相手先へぶつけて微調整し，会社の実態に近似するヒト・カネ・モノ（B／S，P／L）を割り出してみる。

次のようなケースを，しばしば耳にします。
　『大手調査会社にも，該当する会社情報がまったくない。手もとにある会社謄本とて，変更登記もなくありふれた謄本。これ以上調べようがなくて困っている。』
　それは，＜資料1＞に示したような背景から，大手調査会社に情報のストックがないと推測されます。その結果として，会社謄本くらいしか情報がなく，会社の内容がよくつかめないという事例があります。これをパターンAとしましょう。

<資料１>

パターンA

> 変更登記が少なく休眠会社の存在もない。大手調査会社にも情報がない。

背景

(1) 会社規模が小さく，大手調査会社がカバーできていない。
(2) 設立してから間がない。
(3) 調査会社の取材を拒否しているので，データがない。
(4) 本当に経営の実態がない（詐欺的行為を企図：パターンB）。

ただし，パターンAの(4)だけが(1)〜(3)とは背景が違います。パターンBとして別の取扱いにし，次項で説明をします。

さて，これまでの【分析編】と違って，詐欺グループが関わっている会社謄本であっても，頻繁な変更登記はなく休眠会社の形跡もない。会社謄本を取得しても，業歴が浅いくらいでこれといった特徴がありません。会社謄本よりも，巧みな演出で詐欺を企図するいわゆる劇場型の事例です。

何の変哲のない会社謄本に遭遇した際には，【分析編】のような閉鎖謄本を追いかける手法が取れません。そこで，どのような分析を進めていけばいいのか，そのアプローチ方法を考えます。

パターンAは，頻繁な変更登記もなく，休眠会社の過去も存在しない会社謄本です。良いか悪いかの見当すらつきません。こういうときには，まず次の①〜③を下敷きにして，組み立てていきます。

① 「ヒト・カネ・モノ」は，経営資源の３大要素である。したがって，「経営実態」とは，「ヒト・カネ・モノ」であるといい表すことができる。

② 「経営実態」を具象化した一つが，「会社謄本」である。「ヒト・カネ・モノ」は３次元空間に存在する要素であるが，会社謄本は「ヒト・カネ・モノ」を２次元に集約し表現したエビデンスである。ただし，３次元を２次元で表現しているがために，デフォルメ・脚色といった盲点が発生してしまっている。

③ ３次元空間に存在する「ヒト・カネ・モノ」のうち，「カネ」と「モノ」を数量化（２次元化）したのが，貸借対照表（B／S）であり，損益

計算書（P／L）である。

①〜③を図式化すると，次のような関係式が成り立ちます。

パターンAにおいて，会社に実態があるならば，「ヒト・カネ・モノ」，「会社謄本」，「貸借対照表・損益計算書」が，おおむね等号の関係で結びついていると考えていいでしょう。また，「会社謄本」と「貸借対照表・損益計算書」は，直接等号で結ばれてはいませんが，「経営実態」を通じて間接的に等号の関係にあるということができます。

「貸借対照表・損益計算書」という，いわゆる「財務諸表」は，公開企業の有価証券報告書や不動産・建設業のように縦覧が義務付けられた業種でもない限り，『財務諸表を見せてくれ』といったところで，簡単応じてくれるとは到底思えません。そうかといって，会社謄本から把握できる財務情報はいえば，せいぜい「資本金の額」くらいのもので，会社謄本をさまざまな方向から眺めてみても，財務内容を窺い知ることはできません。したがって，「間接的に会社謄本と財務諸表とは，等号の関係にある」といったところで意味がありません。

そこで，会社謄本を財務諸表へと変化させる「触媒」として，各省庁が公表している統計を利用します。利用法などは後述しますが，財務省・中小企業庁は，貸借対照表や損益計算書といったデータを「政府統計の総合窓口」で公開しており，自由に閲覧できるようになっています。

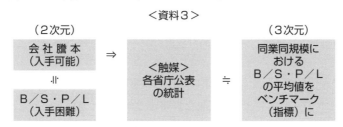

こうした政府統計のB／S・P／Lは累計数値で公表されていますから，標本数で割り戻す必要はあるものの，その計算さえ行ってしまえば，業種別などの平均値を簡単に入手できます。これをベンチマーク（指標）にすればいいのです。

あなたに縁もゆかりもない会社の，しかも公開されてもいない財務諸表を手に入れることは相当な困難を伴いますが，政府統計＜資料４＞の財務諸表をチェックすれば，パターンＡのような情報量の乏しい会社謄本でも，その「業種と資本金」に見合う「売上規模，手持現金，有形固定資産，従業員数」などの平均を，つかむことができます。

＜資料４＞
ベンチマーク（指標）に有効な政府統計

政府統計	入手できるデータ （ヒト・カネ・モノ）	特　　徴
法人企業統計調査 （財務省）	B／S・P／L，従業員数	業種と資本金規模で指標にしやすい
中小企業実態基本調査 （中小企業庁）	B／S・P／L，従業員数	データが詳細（業種別・業歴別・資本金別・従業員数別・勘定科目）

大まかに指標を掴むなら「法人企業統計調査」，ある程度数字が掴めていて，さらに細かく把握するなら「中小企業実態基本調査」という使い分けをお勧めします。

どちらのデータを利用するにせよ，こうしたデータを指標にすれば，
　「同業同規模だと，５億円が業界平均年商ですが，御社はそこから３割程度
　　上ですか。それとも３割くらい下回りますか？」
と質問することができます。そして，返ってきた回答やニュアンスなどから，指標を修正していけば，その会社の実態の近似値を推し量ることだってできるはずです。

ここで大切なポイントは，質問は具体的に投げかけることです。「どうですか？」「どれくらい？」という曖昧な質問はできるだけ避けたいところです。

第3章　会社謄本から決算や年収をひねり出してみる

たとえば，こういう2つの質問をしたとします。
　甲　『佐藤さんは，どちらにお勤めですか？』
　乙　『佐藤さんは，××新聞社にお勤めと伺ったのですが？』
　この甲と乙の質問を比べたときに，勤務先情報の入手に近づくのはどちらでしょうか。これはあきらかに，乙のほうです。
　質問された人は，「××新聞社」という固有名詞に感情が引っ張られ，
　　『いや，□□□製作所だと思いますがねぇ・・・。』
などと，質問の様式と同じ次元で回答をしたくなるのが，人の心理です。具体的と感じさせる情報，この場合は固有名詞をちりばめることが，相手方から具体的な回答を引き出すうえでの鍵になるのです。

<資料5>

　具体的に質問をすれば具体的な回答が，抽象的な質問なら抽象的な答えしか，返ってきません。
　①　「同業同規模だと5億円が平均年商ですが，御社はどれくらいですか？」
　②　「同業同規模だと5億円が平均年商ですが，御社は3割程度上ですか？」
　具体的な数値を入手するためには，②のほうが知りたい情報に近づけます。
　「ちょっと待った。だいたいそんな質問，親切に答えてくれるわけないだろう？」たしかにそうかもしれません。しかし，質問に答えてくれなくても，真の数字に近づく手だてはあります。次の(I)〜(V)の順序です。
　(I)　会社謄本の目的欄・資本金に近似したB／S・P／Lを，政府統計から

115

選ぶ。

(Ⅱ) 選んだB／S・P／Lから，「ヒト（従業員）・カネ（売上高，人件費，地代家賃，現預金，売掛金，買掛金などの勘定科目）・モノ（有形固定資産など）」の数値を拾う。

(Ⅲ) こうした数値を頭に入れて，その会社の本店へ赴く。

(Ⅳ) 現場を見た感触から，従業員・地代家賃・車両設備などの指標を修正する。

(Ⅴ) 大手調査会社などが発表している財務分析指標を組み合わせ，売上高などを逆算する（東京近郊では「国会図書館」など大型図書館に，こうしたデータ集の蔵書がある）。

また，「カネ（人件費）」に関する政府統計については，国税庁が給与に関するかなり細かい統計を公表しています。企業規模（資本金），業種別，事業所規模（従業員数）のセグメント別や，左のセグメントと年齢別・勤続年数別を合わせたものなど，1人当たりの平均給与データなどが入手できます。あなたの得意の分野や知識と重ね合わせて，こうした政府統計をふんだんに活用すれば，「情報がない」という思考停止状態から脱却できるでしょう。

<資料6>

政府統計	入手できるデータ	特徴
民間給与実態調査結果（国税庁）	給与水準	① 企業規模（資本金別）の従業員・役員給与 ② 業種毎給与 ③ 事業規模（従業員数別）の給与 ④ ①～③と年齢層を組み合わせた平均給与 ⑤ ①～③と勤続年数を組み合わせた平均給与 など

肝心なのは，無理やりであっても「数字を造る」作業を行い，その数字を下敷きに修正作業を積み重ねていくことです。そうすることで，「会社謄本しか情報がなくて，実態を掴むのに苦慮している」という段階から改善するはずです。

2　詐欺会社へ対抗するための考え方とアプローチ方法

※ポイント※
① 儲かっているとうそぶく詐欺会社には，具体的＆客観的な質問を投げかけて，「こいつにはあまり近づかないほうが得策だ・・・。」と思わせる。
② ①を思わせたら，深入りはしない。

次は，パターンB。会社謄本に変更登記がない詐欺会社「φ」の特徴です。

<資料7>

パターンB

詐欺的行為を企図する集団

○ 業歴が浅い
○ 巧みな話術と役者の配置
○ 劇場型の詐欺的行為を実行

儲かっている会社に偽装
（内情は虚構）

この流れを踏まえて，パターンAの①〜③（112ページ）に続き，パターンBの④〜⑤を考えてみましょう。

④ 会社謄本に虚偽の登記があろうがなかろうが，「詐欺的行為をおもな手段として用い，不法収益の獲得を目的とする会社と称する集団には，そもそも経営の実態がみられない。もしくは限りなく無いに等しい。」と定義する。
⑤ 詐欺会社の内情はまったくの虚構であるが，対外的には儲かっている会社であると喧伝する。

もしもφが詐欺集団なら，④から「経営実態がない」といえます。「ヒト・

カネ・モノの実存はゼロに近いので，経営実態があるきちんとした会社とのヒト・カネ・モノとは異常に乖離している」といい換えられます。よって，次の式で表現できます。

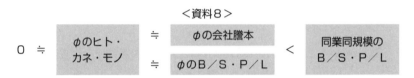
＜資料8＞

φは，詐欺集団なので経営の実態がまったくない。つまりヒト・カネ・モノといった経営資源がゼロの状態です。すべてが限りなくゼロと考えると，政府統計と比較することすら意味もありません。

ところが，⑤です。詐欺的行為で不法収益を上げようと企図するφが，「弊社は詐欺集団なので，会社の実態はありません」などというはずがありません。φは，自らをして，「ウチは信用に足る会社です，取引しないと絶対ソンな会社です」と匂わせてきます。

＜資料9＞

詐欺会社のアピール

φの経営実態 ≧ φが属する業種の官庁公表の平均データ

⇓ 矛盾

詐欺会社の本当の姿

0 ≒ φの経営実態 ＜ φが属する業種の官庁公表の平均データ

つまり，「ウチは景気がいいよ」というアピールと，「本当の姿は虚業である」の間に生じる矛盾こそが，φのアキレス腱です。φは本当の姿を暴露するわけにはいきません。したがって，何を質問されても，適当な対応をしてはぐらかすか，屁理屈で無理を通そうとするでしょうが，矛盾は解決できません。よって，具体的で客観的な政府統計を利用して，φの理屈をじわじわ締め上げ

ていけばいいのです。

　目的は，詐欺の被害を未然に防ぐことであって，相手の矛盾を糾弾する必要はありません。「こいつと関わると理屈ばかり並べて，なにかと面倒だな。相手にしない方がいい」，そう思わせれば十分なのです。もとより関わり合いを持ちたくない人たちですから，義憤に駆られて，やり込めすぎるのは危険です。相手がこちらに近づいてこなければ，それでいいのです。

3　従業員数は，こうして推測

※ポイント※
○　従業員数は，「中小企業実態調査」(中小企業庁) を利用するとよい。

　政府統計を使ってどう数字を造るかを，次の事件を例に考えていきます。まずは，新聞記事であらましを見ていきましょう（筆者要約）。
＊＊＊＊＊＊＊＊＊＊＊＊＊＊＊＊＊＊＊＊＊＊＊＊＊＊＊＊＊
　　　「痛くない注射開発」　未公開株詐欺　容疑で数人逮捕
　「痛くない注射針を開発した」とかたり，会社の未公開株購入を持ち掛けて現金をだまし取ったとして，埼玉県警は20日，詐欺の疑いで会社社長Ｓ容疑者ら数人を逮捕した。
　勧誘するパンフレットに現職の男性医師の話を載せて信用させていたとみられ，被害は全国で約200人，約10億円に上るという。
　Ｓ容疑者らは，医療機器販売会社「Ｌ」を実質的に運営。2010年ごろに痛くない注射針を開発したとうそを言い，Ｌ社の未公開株購入を名目に，60代の男性から現金をだまし取った疑いが持たれている。
　Ｌは，注射針の開発はしておらず活動実態がなかった。
　　　　　　　　　　　　（2014年（平成26年）１月20日　毎日新聞　夕刊）
＊＊＊＊＊＊＊＊＊＊＊＊＊＊＊＊＊＊＊＊＊＊＊＊＊＊＊＊＊
　Ｌの現在謄本（資料10）を見ますと，本店移転歴はありますが，すべて千代田区です。他の法務局管轄で本店を置いていた過去がないので，閉鎖謄本がありません。商号，目的欄などの登記事項にも，頻繁な変更登記を行った形跡がないので，第２章で紹介した不自然な変更登記の矛盾を突く手法が，まったく通用しません。

第3章　会社謄本から決算や年収をひねり出してみる

<資料10>　Lの現在謄本

商号	L株式会社	
本店	東京都千代田区××町三丁目3番3号	平成22年5月6日変更
		平成22年5月7日登記
	東京都千代田区××町二番地2番2号	平成22年7月23日変更
		平成22年7月26日登記
会社成立の年月日	平成22年4月6日	
目的	1　医療機器、医療用品、医薬品、医薬部外品、介護用品等の企画、製作販売、卸及び輸出入 2　医療に関する指導教育、研究調査及び各種情報サービス …… 4　株式、社債等有価証券の取得、保有、投資、管理及び売買	
資本金の額	金9990万円	
登記記録に関する事項	設立	平成22年4月6日登記

＊　下線のあるものは抹消事項であることを示す。（以下、同じです）

　そこで、分析の方法を変えます。L社の企業規模に見合ったベンチマーク（指標）を設定するのです。手始めに従業員数、そのために政府統計です。このケースでは中小企業庁の「中小企業実態基本調査」を使います。「中小企業実態基本調査」と検索し、「直近年度の結果（確報）」をクリックすると、統計表一覧を見つけることができます。

　その中の「統計表」→「会社全体の従業者数」→「産業別・資本金階級別表」がエクセル形式でダウンロード可能になっていますので、入手してみます。

　新聞記事には、Lは「痛くない注射針の開発をした」とありますので、業種は「製造業」と考えます。資本金は9,990万円で、零細企業の域をはるかに超えた、それなりの規模といっていいのではないでしょうか。こうした情報をもとに中小企業庁のデータ、「産業別・資本金階級別表（法人企業）」をチェックして要約したものが、次の表です。

<資料11>

製　造　業			
資　本　金	1,000万円超～ 3,000万円	3,000万円超～ 5,000万円	5,000万円超～ 1億円
① 母集団企業数（社）	37,039	13,305	9,691
② 合計（人）	1,239,848	896,140	1,194,389
③ 平均＝合計÷母集団 （筆者編集）	33	67	123

※　中小企業実態調査（2014年）より抜粋して要約

　L社レベル，つまり資本金1億円弱の企業ですと，平均従業員数は123名となります。キリのいいところで「100名」をベンチマーク（指標）として考えましょう。これが「数字を造る」という作業の第一歩になります。

　さきほど，「資本金は9,990万円で，零細企業の域をはるかに超えた，それなりの規模といっていいのでは」と述べましたが，私のいう「それなり」とは「100名内外の会社」と置き換えることができます。

　従業員100名規模という指標をベースに，質問の仕方を考えてLへ従業員数は何人かをヒアリングするのですが，さらにデスクワークで事前情報を収集し，より具体的な質問を投げかけることがきるように準備をしておきましょう。

　インターネットの地図情報や住宅地図，あるいはストリートビューから本店の外観などをチェックしておきます（もちろん，こうした情報はリアルタイム更新ではありませんから，最終的には現地確認が必要です）。

　痛くない注射針を開発したというLの本店住所に存在する建物は，8階建ての細長いビル。Lとは無関係のテナントも入居している模様。

　この従業員数100名を指標にして，次のような質問をぶつけていくことができます。

　「Lの従業員は100名以上いるのか？　100名以下か？」

　「100名以上いるのなら，その従業員はここ以外の事業所・工場で働いているのか？」

　「製造業なら工場はどこにあるのか？」

第3章 会社謄本から決算や年収をひねり出してみる

「工場では全社員の何割に当たる何名が,何交代制で働いているのか？」

「本社には全社員の何割に当たる何名が,支店はどこにあって何名働いているのか？」

「100名」というベンチマークを設定しておけば,こうした広がりのある質問を考えることができるようなるはずです。別に100名という指標は,無理やり造った数字でいいのです。あくまで具体的な質問を投げかけるために,造り上げた数値に過ぎないのですから。Lが詐欺を企図した会社ならば,数字に関するきめの細かいに答えられるはずがありません。

4 売上高の見当をつけ,設備投資余力をつかむ

※ ポイント ※
○ 財務諸表は,「法人企業統計調査」(財務省)を利用すると,要点を早く掴める。

この項では,財務諸表の数字を造るため,財務省の「法人企業統計調査」を使いましょう。

同業種同規模のB/S・P/Lをリサーチするには,財務省の統計を利用すると把握しやすいです。というのは,中小企業庁の統計は,財務省のそれよりもセグメントが非常に細かいので,合致する財務諸表を選び出すのに時間がかかってしまうという難点があるからです。

Lと同業同規模のB/S・P/Lから,勘定科目を一覧表にまとめました。

<資料12>

(単位:百万円)

資本金	50百万円〜100百万円未満	1社当たりの平均（筆者編集）
母集団（社）	444	-
その他有形固定資産	194,028	437
売上高	981,758	2,211
当期利益	-21,216	-48
減価償却	64,845	146
従業員給与・賞与	220,541	497
動産・不動産賃借料	18,077	41

※ 財務省「法人企業統計調査」平成26年度:業務用機械機器具製造業より抜粋して要約

Lは,「無痛の注射針を開発した」(ことになっている)のですから,法人企業統計調査にまとめてある業種ごとの財務諸表から「業務用機械器具製造業」

第3章　会社謄本から決算や年収をひねり出してみる

を選びました。

このデータも，累計での集計となっていますので，それぞれの項目を母集団で割って1社当たりの平均を出します（資料12）。2014年のLと同業種同規模の平均売上高は22億1,100万円，当期利益は4,800万円の赤字，減価償却は1億4,600万円，不動産を除いた設備関係の簿価は4億3,700万円です。

また，従業員給与・賞与は4億9,700万円です。従業員は，「この規模だと100名くらいだろう」と前項3で導きました。よって1人当たりの年収は，500万円と推定できます。

動産・不動産の賃借料は1社当たり4,100万円で，月に引き直すと342万円です。本社・支社・工場・車両などを借りている場合は，この金額の範囲で想定してみるといいのではないでしょうか。これらの数値がベンチマークです。

次に，痛くない注射針開発のため，設備投資につぎ込める資金を想定してみます。

当然，新製品製造のため新しく設備投資をする必要が出てきます。L社規模の財務の場合には，設備投資の資金余力がどれくらい見込めるかを前出のデータ（124ページ）を利用して，「数字を造って」みましょう。

設備投資は，自己資金を投入するか，借入金を調達して賄うかのどちらかになりますが，とりあえず，銀行から長期の借入れを起こしたとして考えてみましょう。借入金の返済原資は，「利益＋減価償却」が原則です。ということは，「当期利益▲48百万円＋減価償却146百万円」ですから，差引約1億円が返済原資として充当可能です。しかし，この1億円を100％返済原資に充てられるわけではありません。もうすぐに，別の資金需要が発生して，長期借入金の返済を継続中というのが普通と考えるべきです。

一方，無痛針を製作する機械ですが，この機械に償却年数が発生します。専門的なことは不明ですが，一応10年で償却すると想定してみましょう。

　　（返済原資）　利益＋減価償却≒1億円　その何割か

　　（償却年数）　10年

と想定すると,「1億円×「その何割か」×10年」が無痛針を製作するための設備投資金額,という「数字を造る」ことができます。この「その何割か」を10％としてみれば,設備投資金額はざっくり1億円ということになります。また,「その他有形固定資産」の簿価を4億3,700円という設定にしていますから,新規設備の1億円の簿価がここに乗ってきても,不自然なことはないでしょう。

　すると,問いかけたくなる疑問が浮かんできます。

　「1億円もの設備は,どこに置いてありますか？」

　「どこの工場？　どういう形状のもの？どこのメーカーで作ってもらいました？」

　「自社で開発？　それとも外部と共同開発？」

などなど,1億円という具体的な数字から,次々と質問のイメージが湧いてきます。正直,この数字の正確度など,どうでもいいのです。自分なりの根拠に基づいてはじいた数字が,L社の実態把握をする,あるいは詐欺会社かどうかを試すためのベンチマークになりうればいいのです。

　なんの変哲もない会社謄本を眺めたところで,目に入ってくる財務データは資本金くらいですが,会社謄本と政府統計を組み合わせて「数字を造って」みると,その会社の実態をかなり具体的にイメージできるようになります。

5 月商・買掛・現預金をベンチマークに，大量発注をチェック

※ポイント※

① 会社謄本の業種・資本金に合致するデータが見つからないときは，似通った業種を複数選んで一覧表にすると，同業同規模企業のイメージが把握しやすくなる。
② 月商・買掛金・現預金の平均データを把握しておけば，大量発注に妥当性があるのかの検証がしやすく，具体的な質問も考えやすくなる。

第2章の4『中身が入れ替わったと判断するには，どこを見るべきか』の項で，電動ドリルなど電気工具を取り込んだVKの事件を取り上げました。会社謄本の大幅な変更登記から，架空登記の可能性が高い，という結論を導きました。

本項では，会社謄本自体を分析するのではなく，政府統計からベンチマークを抽出し，「持ち掛けてきた取引金額と条件には，果たして妥当性があったのか」を検討していきます。

実は，この事件について新聞記事とは別に，独自に取材を行いました。すると，次の手口で電動工具を騙し取っていた事実が明らかになりました。

【VKの手口】
① 最初の2か月は，少額取引。取引高は，月40万円（被害者平均）で現金決済。
② 「東北地方の復興事業で，電動工具の需要が急増している」と，取引増加の背景について説明。
③ ①と②で信用させ，3か月目から納品額を7.5倍の300万円（被害者平均）に増やしたい，との申し出があった。

④ 決済条件は，納品してから2か月後の月末に支払う。
⑤ ところが，1回目の売掛の決済直前，商品ともども姿をくらます。

　記事（60ページ）の「約540万円分の工具を納入した後，全く連絡が取れなくなってしまった」という被害者は，「270万円／月間納品額×2か月」が被害額とのことでした。
　さて，大量仕入れの妥当性を検証するため，ベンチマークを財務省・中小企業庁の統計から選び，次の一覧表にまとめました。

<資料13>

（単位：百万円）

	財務・卸売業	中小・卸売業	財務・小売業	中小・小売業	財務・卸＋小
従業員数（人）	15.0	14.1	20.1	13.4	17.2
資本金	14.1	16.9	13.1	9.5	13.7
年商	726.2	908.4	460.2	265.9	610.6
現預金	90.3	87.8	53.9	30.1	74.5
買掛金＋支払手形	109.9	142.3	68.5	20.8	91.9

※　上記は，（各データ）÷（母集団社数）にて算出しました。

　VKの会社謄本を見ても，省庁の統計にはぴったりと対応する業種・資本金がないので，近似するデータを五つ選んでまとめました。科目の数値は，業種間でばらつきはあるものの，VKと同業同規模で実態がきちんとある企業なら，「だいたい，これくらいの規模になるのか・・・」という感覚が，おぼろげながら把握できるのではないでしょうか。会社謄本を見ただけでは，ここまで具体的にイメージすることはできません。
　VKの資本金は1,000万円でしたが，表の資本金は950万円〜1,690万円とばらつきがあります。そこで比較しやすくするため，資本金をすべて1,000万円に引き直して，もう一度，次の一覧表にまとめ直しました。

第3章 会社謄本から決算や年収をひねり出してみる

<資料14>

【例】財務・卸売業の場合　資本金14.1百万円　→　10百万円へ

　　　10M÷14.1M＝70.9％

　　　各項目×70.9％にて、引き直しをする。

(単位：百万円)

	財務・卸売業	中小・卸売業	財務・小売業	中小・小売業	財務・卸＋小
資本金を10百万円にしたときの比率(％)	70.9	59.2	76.3	105.3	73.0
年　商 (月　商)	514.8 (42.9)	537.8 (44.8)	351.1 (29.3)	280.0 (23.3)	445.7 (37.1)
現　預　金 (月商比，単位：ヶ月)	64.0 (1.49)	52.0 (1.16)	41.1 (1.40)	31.7 (1.36)	54.4 (1.47)
買掛金＋支払手形 (月商比，単位：ヶ月)	77.9 (1.81)	84.2 (1.88)	52.3 (1.78)	21.9 (0.94)	67.1 (1.81)
従業員数（人）	10.6	8.3	15.3	14.1	12.6

　再編した一覧表をもとにして，大量発注に妥当性があるのか，あるいはまったく妥当性がないのか，その理屈を二つの側面から考えていきましょう。

　一つ目の検討事項です。

　当初持ち掛けられたのは，月40万円の現金決済です。なにせ現金決済です。この条件には異存はないでしょう。商品を持ち逃げされる心配がありません。ところが，3か月目の取引から，一気に300万円分の電動工具を仕入れたいという（VKの手口③）申し出がありました。

　それでは，300万円という金額は，この規模の会社にとって，どの程度のボリュームになるのでしょうか。月商のレンジは，2,330万円〜4,480万円なので，売値を想定するため財務省や中小企業庁の損益計算書データから粗利益率を算出して表にまとめました。

<資料15>

	財務・卸売業	中小・卸売業	財務・小売業	中小・小売業	財務・卸+小
粗利益率（％）	17.4	12.1	27.9	27.0	20.8

―― 五つの平均は，21.0％ ――

概ね2割が粗利となりますので，仕入値＋粗利を一応売値と考えたとすれば，

300万円÷80％＝375万円

が増加売上分として月商に寄与することになります。そこで，VKの増加売上率を計算すると，

月商が最も少なかった中小企業庁・小売業では，

375万円÷2,330万円＝16.1％増

逆に，最も多かった中小企業庁・卸売業では，

375万円÷4,480万円＝8.4％増

つまり，300万円の大量仕入れという数値は，月商比8.4～16.1％の売上げ増加に相当するボリュームと，「数字を造る」ことができます。

取引開始から2か月，現金決済は順調で，商品需要が発生する理由も明快ですから，月商10％を挟んだ増加率ならば，「前月比7～8倍の電動工具を御社から買いたい」との申し出は性急な感じはあるものの，荒唐無稽な申し出とまではいえない範囲と，一応分析することができるでしょう。

「しっかりした販売需要を，VK社はつかんでいるのだな」と考えられます。ただし，VKが大量仕入れの申し出を複数社に，同様に持ち掛けて取引をまとめようとしているなら，この精査の前提が崩れますから，警戒しないといけません。

二つ目の検討事項は，取引条件です。

全額掛売りにしてもよいのか（VKの手口④）を検討しましょう。

VKとの最初の2か月は，現金取引でした。ところが，「大量に買うから100％掛で売ってくれないか」という申し出です。このオファーに応じるということは，VKの増加運転資金を面倒見てあげるというのと同じことで，いく

第3章　会社謄本から決算や年収をひねり出してみる

らたくさん買うからといっても、あまりに虫が良すぎます。もちろん両者の力関係は無視できませんが、商売は持ちつ持たれつ、負担もできるだけ折半にしてもらわないと、取引は長続きしません。

　ということで、前出の一覧表から、妥当と思われる決済条件を一応算出し、それをVKにぶつけてみて、反応を見てみようという戦略をたてます。前出の＜資料14＞では、VKと同業種同規模の現預金の平均残は3,170万円～6,400万円ですから、電動工具40万円分の現金決済は問題なかったでしょう。

　「買掛金＋支払手形」欄の（　）内の月商比を見てください。0.94か月～1.88か月となっています。五つのデータを加重平均すると、

　（1.81＋1.88＋1.78＋0.94＋1.81）÷5＝1.64か月

　つまり、VKレベルの同業同規模の会社は、商品を納入してから現金支払いまでの平均期間は、1.64か月（約50日）という数字を造ることができます。

　ここで、VKが持ちかけてきた大量納品の条件を、あらためてチェックしましょう。

　○　納品額　　毎月300万円
　○　支払い条件　　2か月後末日支払い≒75日後支払い※

　※　電動ドリルを納品する月は、納品日が月初・月末のどちらになるかわかりません。したがって、納品月の買掛期間は（0日＋30日）÷2＝15日。支払いは翌々月末ですから30日×2か月＝60日、買掛期間は15日＋60日＝75日です。

　さきほど、VKの同業同規模の平均買掛期間を「50日」と算出しました。VKの納品条件は、平均より25日支払いが先延ばしになっていると読みかえることができます。

　75日－50日＝25日

　そこで、条件交渉として、次のような逆オファーをもちかけることはできないでしょうか。

　○　支払い条件である「2か月後末日支払い（75日後支払）」は承諾。
　○　業界の平均買掛期間は50日なので、今回の75日分のうちの25日分は現金決済で。

○ 現金決済は次の金額で，粗利20％見当で月商375万円に引き直す。

375万円（＝300万円÷80％）×（25日÷75日）≒125万円

○ よって掛売りは，

300万円－125万円＝175万円

<資料14>の一覧表の現預金残高を見ても，125万円程度なら，許容範囲ではないでしょうか。

もう一度，一連の流れ（VKの要請，妥当性の検討，受諾の条件）を整理しましょう。

---

(1) VKの要請は，二つでした。
　① 月額300万円の納品要請。
　② 100％掛売＆2か月後末日払いの要請。
(2) 財務省・中小企業庁の似通った業種・規模のデータをベンチマークに，(1)の①・②の妥当性を検証すると，VKの規模ならば，次の3点が見通せそうである。
　① VKが業界の平均的な企業規模ならば，月300万円の納品金額には妥当性あり。
　② ただし，同様の持ち掛けを複数社に行っていたら要警戒。
　③ 業界の平均買掛期間は50日，今回要請は75日。25日分の支払猶予を強いられる。
(3) したがって，VKの要請を受けるにあたり，弊社サイドの提示条件としては二つ。
　① 納品額300万円のうち，125万円は現金決済。
　② 他社に本件同様の持ち掛けがないことを確認。

以上が，VKの要請に対して，当方の方向性になります。そして，この方向性をVKに伝えたとき，どういう反応を示すのか。つぶさに観察する必要があります。

第3章　会社謄本から決算や年収をひねり出してみる

　前出1『政府統計を引用し突破口を開く』の項のパターンＡ（資料1）で，VKが経営実態のある企業なら，商品の大量発注に際し，互いの提示条件・見込数字と大きな隔たりが生じるでしょう。個々の会社で事情や背景はまったく違うのですから，当たり前です。だからといって，交渉決裂にはならないと考えます。お互い「売る，買う」の利害は一致しています。今後の交渉により食い違いを埋め，着地点を探ることができるはずです。

　この食い違いは「意味のある齟齬」であり，交渉の過程で齟齬をきたしたデータを修正しながら，真の数値推測と妥協点を見出すことが可能と思われます。

　前出2『詐欺会社へ対抗するための考え方』の項のパターンＢ（資料7・8）であるとすれば，VKの内情は虚構ですから，ベンチマークと比較する意味はありません。

　ところが，VKは「東北地方の復興事業で電気工具の需要がある」と持ち掛けています。その言葉どおりならば，会社には実態がないといけません。そうであれば，具体的な質問に対して，食い違いはあるにせよ，具体的な回答を持ち合わせているはずです。ここに矛盾を抱えることになります（資料9）。

　この矛盾を露呈させるため，具体的な質問，つまり理屈に基づいた数字を造り，それをぶつける必要があります。抽象的な質問ではダメです。具体的な質問を繰り返すことで，VKに「警戒心を抱かせる」のが落としどころになります。

　パターンＡ（112ページ）と違い，VKの目的は取引をまとめることではなく詐取ですから，そもそも交渉が妥結するわけがありません。細かいやりとりが長引けばボロが出ますし，ウソがばれるくらいなら新たな「カモ」を探したほうが得策です。

　さて，何の変哲もない会社謄本でも，発想を豊かにすれば，Ｂ／Ｓ・Ｐ／Ｌといった財務諸表をイメージできることを理解していただけたと思います。正

直,数字が合っていようが間違っていようがどうでもよいのです。「この数字には,妥当性がありそうだ」,そう思わせる数字をしっかり造り,それを根拠に次の数字を推測する作業こそが重要なのです。

　中小零細企業のオーナー社長の方々は,与信について独特の嗅覚・カンを持っている人がたくさんいらっしゃいますが,それと同じくらいに,理詰めで数字を考えるのが得意でない人が多いのも事実です。

　税理士など士業の方々がコンサルタントとして,前述のような手法を用いて,中小零細企業のリスク管理をしっかり行ってほしいと切に願っています。

第3章　会社謄本から決算や年収をひねり出してみる

6　住宅ローンから年収を推測する

※ポイント※
① 不動産謄本から収入を推測するには，返済比率がポイントである。
② 返済比率を15〜20％で計算すると，年収に近い数値を造ることができる。

　この章では，『会社謄本以外，さしたる情報がない』という状況を前提にして進めてきました。おもに「無名で規模の小さい会社」についての与信判断です。こういう会社の業績は，オーナーや代表の手腕次第で，会社とともにオーナーの懐も豊かになるはずです。

　会社謄本には，本店と代表取締役（以下，代取とします）の二つの住所情報が載っています。これらの住所情報から不動産謄本を取得して，代取の資産背景をチェックすることができます。使い古された手法ですが，この組み合わせはたいへん有効です。老舗の会社を例に，次の図をまとめました。

<資料16>

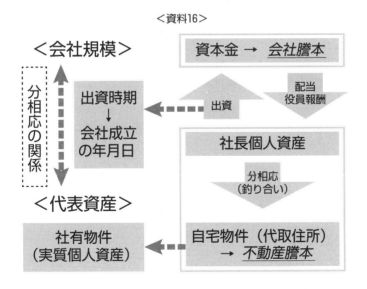

その人の身分や能力にふさわしいことを「分相応」といいますが,「会社と代取」の間柄においても,同様のことがいえるでしょう。

　会社設立時（会社謄本では「会社成立の年月日」）に,創業者すなわち代取の個人資産から元手（同「資本金の額」）が拠出されます。商売が順調にいくようになると,やがて配当や役員報酬となって代取へ還元されます。こうして蓄積された個人資産の一部が,自宅という不動産に形を変える,そんな構図が成り立ちます。

　たいていの不動産（自宅）は,銀行から資金を借り入れて建てることが通常です。しかし,銀行は,資産背景のない人には融資をしません。よって,自宅物件に抵当権が設定され,担保評価（＝不動産評価額－借入額）がゼロに近かったとしても,立派な代取の個人資産です。

　自宅が会社名義であるケースも考えられますが,これも実質的には個人資産と見なすべきです。つまり,【会社規模・業歴 ⇔ オーナー・代取の資産背景】で,概ね相関関係にあるというか,バランスがとれていると見るのが妥当だからです。

　当初の元手が循環を繰り返し,代取の個人資産を太らせていく構図を考えたとき,その年収はいくらなのかを把握することは,大きなポイントになります。

　そこで,「自宅を所有し,住宅ローンを組んでいる」というケースで,年収を推測する方法を紹介しましょう。

　銀行が住宅ローンの審査するときに重視するのが,「返済比率」です。これは,月収に対して月々のローン返済額の割合を表す比率ですが,この率が高いほどローン返済に追われることになります。銀行は,融資を実行したら,今度は利息を付けて返してもらわなければなりませんから,この比率を当然気にします。

　【返済比率＝月のローン返済額÷月収】ということは,,【月収＝月のローン返済額÷返済比率】で導けるという理屈です。

　次の＜資料17＞は,不動産謄本の乙区（所有権以外の権利関係が登記されて

第3章　会社謄本から決算や年収をひねり出してみる

いる）から，抵当権設定登記の部分を抜粋したものです。

<資料17>

原　　　　因	平成25年×月×日保証委託契約に基づく求償権の 平成25年×月○日設定
債　権　額	金2,200万円
損　害　金	年14％（年365日の日割計算）
債　務　者	大田区△△△九丁目9番9号 　Q中　B作
抵　当　権　者	千代田区×××七丁目7番7号 　□□銀住宅保証株式会社
共　同　担　保	目録(エ)第0000号

「債権額」が，当初の借入額に相当します。借入期間は登記されないのですが，住宅ローンは25年～35年が多数でしょうし，金利水準もインターネットで調べれば把握できます。

この三つのアイテム（借入額，借入期間，金利水準）を特定したら，各金融機関のサイトで提供している「月額のローン返済額」機能を利用して，月々の返済額を計算してみましょう。簡単に，数字をはじき出すことができます。

「Q中　B作」が，2,200万円・借入期間30年・2.5％でローンを組んだとしますと，月額の返済金額は86,926円（ボーナス返済なし）になります。

ここまでは多くの方が考えつくと思いますが，悩ましいのは「返済比率」をどのレベルに設定するかです。

私が銀行員のときは，返済比率が40％以内に収まらないと審査が通らなかった記憶がありますが，返済比率40％の水準は，「いずれ生活が成り立たなくなるのでは」という心配を個人的に持たざるを得ません。そもそも目一杯の返済計画ですから，不測の事態が起ったときは，対応に相当苦慮するような気がします。銀行や信用調査で経験したことを踏まえて，返済比率は概ね15～20％くらいに設定するのが妥当なのではないかと考えます。しかし，銀行での審査経験や調査会社の経験があるとはいえ，「15～20％が妥当」と経験則だけで結論づけてしまうのは，いささか乱暴かもしれません。そこで，総務省が実施する

「家計調査」を引き合いに出させてもらい、返済比率の15～20％は妥当な範囲であるというデータを示します。

この家計調査の中に、「第8表（住宅ローン返済世帯）世帯主の年齢階級別1世帯当たり1か月間の収入と支出（総世帯のうち勤労者世帯）」というセグメントがあります。収入支出の項目は非常に多岐にわたっています（特に支出の食料の部では、魚類・肉類・穀類などまで分類されている）ので、ローンの部分のみを抜粋しました。そして、私が返済比率を計算し、新たに欄として加筆したのが次の表です。

<資料18>

平成27年	平均	世帯主の年齢階級			
		～29歳	30～39歳	40～49歳	50～59歳
A：世帯主収入（円）	483,025	357,330	438,641	509,327	545,848
B：土地家屋借金返済（円）	97,316	86,224	86,788	98,320	101,131
返済比率（B／A）	20.1%	24.1%	19.8%	19.3%	18.5%

統計では、上記のほか60歳代、70歳代までデータが付されていまして、返済比率はそれぞれ39.6％、34.1％でした。全体の返済比率平均は20.1％、30代から50代は20％を切っています。私の経験値からの第六感として、「返済比率15～20％が妥当な範囲」としましたが、家計調査の結果とほぼほぼ一致していると判断してよいでしょう。返済比率に関する情報は、インターネットで多々検索できますので、一度調べてみることをお勧めします。

いずれにせよ、返済比率は15～20％の中間をとって、17.5％で設定してみましょう。

ここで、前出の「Q中　B作」の年収を推測しますと、【月収＝月のローン返済額÷返済比率】で導けましたから、

86,926円÷17.5％＝496,720円

すなわち、月収50万円、年収はその12倍の600万円が目安になります。

もちろん、こうして算出した年収はあくまでも推測です。設定した各数値は、それぞれの環境によっても、大きく変わります。目一杯借りている人もいれば、

余裕をもたせて借りている人もいるでしょう。家計調査では,「代表取締役」のカテゴリーが存在しないため,「勤労者世帯」を採用するほかありませんでした。返済比率がうんと高くなったとしても,高収入層の人は,中流層以下の人ほど生活自体が汲々とすることはありません。

年収500万円の人が250万円を返済に充てるのと,5,000万円の人が2,500万円を返済に充てるのとでは,同じ50％の返済比率であっても,生活の余力は全く違います。

この項を通じて,私がもっとも訴えたいことは,不動産謄本の乙区を眺めるだけ,乙区で思考が停止してしまうことだけは,即刻やめにしていただきたいということです。

乙区の情報から,数字を造る意識を持ち,実際に造ってみる。そうやって造った数字を「ベンチマーク」にして,相手とのやりとりで修正していくクセをぜひ身に付けてほしいと考えます。

住宅ローンから年収を造ってみました。「造った」数字は,実態とかけ離れているかもしれませんが,第一段階ではそれでいいのです。しかし,造った数字は,「ヤマカン」や「あてずっぽう」によるものではありません。算出根拠を顕在化させて「造った」数字です。

ですから,第一段階で造った数字が実態とかけ離れてしまっていたのなら,あとで相手と接触したときのニュアンスをもとに,最初に引用した数値（パラメーター）を修正していけば,少しずつでも核心に寄っていくはずです。

こういう思考を,ぜひ身に付けていただきたいと,願ってやみません。

7　会社謄本から代表取締役の年収を推測する

※ ポイント ※
① 「民間給与実態調査（国税庁）」から「役員平均給与」をチェックする。
② 【役員平均給与×2＝代取給与】で数字を造る。
③ 「法人企業統計（財務省）」を利用して，業種別の「役員平均給与」をダブルチェックする。
④ ③から【(役員給与＋役員賞与)÷役員数)×2】で，代取給与を推測する。

　前項6の『住宅ローンから年収を推測』とは違い，居宅が賃貸物件という代表取締役だっているはずです。また，自宅が代取の所有であっても，住宅ローンを組んでいないケース（相続財産だった，自己資金で購入したなど）もあるでしょう。
　このように，不動産の登記簿謄本（登記事項証明書といいます）が年収推測の参考資料に使えないときに，社長の年収を推測していく手だてを，この項では考えましょう。基本的な手法は，会社謄本と政府統計の利用です。
　二つのアプローチを，順に説明します。
　最初のアプローチは，前出1『政府統計を引用し突破口を開く』の項で取り上げた国税庁の「民間給与実態調査結果」（資料6）が利用しやすいでしょう。読んで字のごとく，給与に関するこの調査は，詳細なデータがインターネット上で公表されています。
　その一つに，「企業規模別及び給与階級別の給与所得者数・給与額（第7表）」なる項目があり，「役員」の平均給与が「企業の資本金別」に整理されています。
　知りたいのは「代表取締役」の給与水準ですが，国税庁や他省庁でも，代取給与に関する統計が存在しません。したがって，「役員」のデータから，数字を造る作業が必要になります。

第3章　会社謄本から決算や年収をひねり出してみる

　調べてみますと，複数の民間調査機関が「社長と役員の給与格差」をテーマに結論を導いたレポートがありました。ところが，調査の背景・対象とした企業の規模・実施時期によって調査結果にばらつきが大きく，したがって，それらデータを検討し，大雑把ですが【役員平均給与×2＝代取給与】と想定して，一覧表にまとめました。

<資料19>

資　本　金	平均年齢	平均勤続年数	役員平均給与	代取給与(役員×2)
～2,000万円	54.8歳	19.2年	6,106千円	12,212千円
2,000万円～5,000万円	57.1歳	23.7年	8,469千円	16,938千円
5,000万円～1億円	58.2歳	21.4年	11,470千円	22,940千円
1億円～10億円	57.8歳	18.5年	13,598千円	27,196千円

　税理士のように，企業の内部へ食い込んで仕事をされている方によっては，この「役員平均給与×2＝代取給与」の「2倍」の箇所に，違和感を覚えることがあるかもしれません。もちろん，「2倍」の設定は絶対ではありませんので，ご自身の経験則から，しっくりくる倍数をあてはめて算出してください。
　いずれにせよ，こうしたプロセスを経れば，会社謄本から代取給与をベンチマークとして数値を造ることが可能です。ところが，国税庁データ「民間給与実態調査結果（第7表）役員」には，業種が加味されていません。したがって，代取の給与を大掴みするための参考にはなりますが，ベンチマークとして，いささか大雑把な気がします。

　そこで，二つ目のアプローチは，前出3～5の項で利用した「法人企業統計（財務省）」を併用する方法です。
　すでにご紹介したこの統計の「業種別・規模別　資産・負債・純資産及び損益表」には，資本金別に「役員給与・役員賞与・役員数」が記載されています。
　国税庁データのように，役員平均給与は出ていませんが，【(役員給与＋役員賞与)÷役員数】で単純計算すれば，業種別の役員平均給与を算出することが可能です。そして，この役員平均給与に倍数を掛けて，代取の給与を推測しよ

うという考え方です。具体例を挙げて,「数字を造って」みましょう。

前出3『従業員数の推測』の項で取り上げたL社(痛くない注射針投資詐欺)と,5『月商・買掛・現預金から大量発注をチェック』の項のVK社(電動ドリルの取込詐欺)の会社謄本をサンプルにして一覧表を作成しました。

<資料20>

		単位:百万円			単位:千円	
	調査種類	役員給与 (A)	役員賞与 (B)	役員数 (C)	役員平均年収 (D)=(A+B)/(C)	推定代取年収 (D)×2
L社 資本金 9,990万円	業務用機械器具製造業	14,187	1,279	1,639	9,436	18,872
	民間給与実態調査	–	–	–	11,470	22,940
VK社 資本金 1,000万円	卸売業・小売業	2,793,531	85,273	573,557	5,019	10,038
	民間給与実態調査	–	–	–	6,106	12,212

代取の年収は,L社の業種・規模であれば2,000万円内外,VK社の業種・規模であれば1,000～1,200万円レベル,というイメージをデータから描くことができます。

この数値をベンチマークにして,会社の実態や関係者との会話と突き合わせてみれば,実際の年収に近づいていくことは間違いありません。また,住宅ローンから推測した年収に,本項の「会社謄本+政府統計」を組み合わせれば,精度はさらに高まると考えます。

肝心なことは,「とにかく数字を造ってみる」という思考を持つことです。

前項6『住宅ローンから年収を推測』のように,住宅ローンを組んでいれば,年収に直結した情報が「抵当権」という形になって表れます。抵当権は公にされている不動産謄本を見ればいいですし,そもそも年収に実態があるのですから,抵当権に登記されている債権金額の分析を繰り返していけば,必ず年収に行きつくはずです。

ところが，上記のL社やVK社のように，代取が住宅ローンを組んでいない場合は，年収と直接結びついた公の情報がありません。入手できるのは，会社謄本だけです。そのわずかな情報から社長の年収に辿り着くためには，すべてを「第六感」に因るわけにはいきません。数字を造るプロセスで「第六感」の余地をできるだけ少なくし，代わりに「確からしさ」の要素をいかに増やすかが，勝負どころではないかと考えます。ここでの「確からしさ」とは，すなわち政府統計の引用です。

代取の不動産謄本をご覧になり，「なんだかおかしな登記だな・・・」，こんな違和感をお持ちになった経験が，1度や2度はあるのではないでしょうか。違和感を違和感で終わらせずに，「どうして違和感を覚えるのだろう？」を具体的に把握するためにも，政府統計を活用して年収の推測を行っていただきたいと思います。

そして，代取が賃貸物件に住む場合なら，その社長が経営する会社の資本金・業歴からベンチマークを抽出し，自分なりに修正していく・・・，こうした思考をぜひ身に付けていただきたいと思います。

8 賃貸住まいをしている代表取締役の
信用力を判定する＜基礎編＞

※ ポイント ※
① 家計調査や国勢調査を利用する。
② 居住地域の「持家率」「戸建率」「居宅の形態と面積の傾向」と比較する。
③ 【住宅ローンの返済比率≒住居費≒相応家賃】とみなして年収を推測する。

　「代表取締役は賃貸住まいだから，資産背景に乏しいのでは？」，こう断定してしまうのは早計です。「賃貸住まいでも資産背景あり」と下せる判断を，ヤマカンに頼るのではなく，客観的なデータへ根拠を求めなければなりません。
　前出6『住宅ローンから年収を推測』の項で紹介した家計調査では，年収別に持家の割合を公表していますが，その中の「第4－2表　年間収入階級別1世帯当たり支出金額，購入数量及び平均価格（2人以上の世帯）」が，非常にわかりやすく持家率を表しています。
　代取に相応しいと思われる年収帯上位三つを抜粋し，持家率と持家でない世帯主の支払い家賃地代（資料から独自に算出しました）を一覧表にまとめました。

＜資料21＞

年収のレンジ	持　家　率	持家でない世帯主の 平均月間支払家賃地代
1,000万円～1,250万円	88.4%	53,505円
1,250万円～1,500万円	90.8%	42,742円
1,500万円～	89.5%	65,897円

　この表からも明らかなように，高額所得者層の持家率は約90％と非常に高く，持家でない世帯主の支払家賃地代はかなり低額という印象です。
　支払家賃地代が低い理由として考えられることは，二つあります。一つは，

このデータは全国から回答を得ているので，地域ごとの地価格差，特に大都市圏と地方都市の賃料格差が考慮されていない，もう一つは，憶測の域は出ませんが，居宅を社宅扱い（あるいは賃料の一部を会社負担）にしているため，家賃を世帯主の家計から支払っていないのではないか，という点です。

とにかく，いくら全国平均データとはいえ，2人以上の世帯で家賃4〜6万円という水準は，低すぎるのではないでしょうか。

さて＜資料21＞から，高所得者層の賃貸住まいは10人に1人の割合です。たしかに少数派ではあるものの，冒頭に書いた『「賃貸住まいだから，資産背景が乏しい」と断定するのは早計』という見方は，家計調査からも導かれるといっていいでしょう。したがって，居宅がその地域に相応しい物件か，地位や年収に相応しい物件か，などのバランスを見ながら判断するのが肝心であり，この項では国勢調査へ「確からしさ」を求めることにします。

ご承知のように，国勢調査は多岐にわたる調査が実施されており，「国民の住まい」に関してもたいへん詳細な結果が公表されていますが，全国の町丁ごと（例：東京23区内なら新宿1丁目）に「持ち家世帯数」が集計されているのをご存知でしょうか。

「そういえば，国勢調査に答えたとき，持ち家か否かを問う項目があったような・・・」と，思い出す方がいらっしゃるかもしれません。

では，代取の住居が賃貸物件だった場合は，その信用力を問うために，国勢調査の中のどんなデータを用いるのかは，次の三つに根拠を求めます。

(1) 持家の世帯数（持家率）
(2) 戸建の世帯数，住居形態（戸建率）
(3) 居宅面積ごとの世帯数

各町名の「世帯数」も調査されていますから，比率（持家率，戸建率）を割り出すのに使いましょう。このベンチマークの難点は，国勢調査の実施が5年ごとのために，時期によってデータが古くなってしまいますが，それでも利用価値は十分です。

さて,次の表は,大手調査会社の東京商工リサーチが毎年発表している『「社長の住む街」ベスト10』から上位5番を抜粋したもの（2014年版）です。ランキングは人数順なので,社長をすべて世帯主とみなし,町名の世帯数で割って「社長占有率」を算出しました。こうすると,何世帯に一つが社長世帯かが,はっきりします。

<資料22>

順 位	町 名	社長数	社長占有率
1位	赤 坂	2,103	26.8%
2位	代々木	1,777	14.4%
3位	西新宿	1,763	12.3%
4位	南青山	1,697	29.6%
5位	六本木	1,679	34.7%

（東京商工リサーチより。一部改編）

代々木・西新宿は社長数・世帯数ともに多いので,社長世帯の割合は7～8世帯に1世帯ですが,六本木では3世帯に1世帯が社長世帯というのですから,驚くべき割合です。

このランキングに,上記のベンチマーク(1)～(3)のデータを組み合わせると,どんなことが読み取れるでしょうか。さらに,高級住宅街といわれる「田園調布」,「成城」もリストに加えて分析してみましょう。

<資料23>

大字・町名	持家率	一戸建	共同住宅			
			1・2階	3～5階	6～10階	11階以上
赤　坂	47.4%	7.7%	1.6%	16.2%	**38.8%**	34.3%
代々木	45.1%	13.1%	9.6%	**35.8%**	28.5%	11.3%
西新宿	27.8%	7.4%	7.7%	25.1%	16.1%	**42.5%**
南青山	60.1%	18.7%	2.5%	**29.4%**	23.6%	22.8%
六本木	39.5%	6.1%	0.8%	18.9%	32.1%	**40.5%**
田園調布	67.0%	**53.8%**	14.6%	17.9%	8.2%	1.7%
成　城	68.2%	**48.1%**	12.7%	22.2%	13.4%	0.0%

（平成22年国勢調査　第7表,第8表より編集）

＊　太字は,率が1位の形態です。また,1位,2位にアミをかけました。

第3章 会社謄本から決算や年収をひねり出してみる

<資料24>

町　名	延べ面積					
	0〜29㎡	30〜49㎡	50〜69㎡	70〜99㎡	100〜149㎡	150㎡以上
赤　坂	19.2%	19.5%	22.7%	23.2%	10.6%	4.9%
代々木	26.6%	23.3%	22.0%	17.3%	7.1%	3.6%
西新宿	41.0%	27.3%	16.5%	10.1%	3.6%	1.5%
南青山	9.7%	20.4%	20.3%	27.0%	14.6%	7.9%
六本木	18.3%	19.2%	21.3%	21.6%	14.7%	5.0%
田園調布	12.2%	13.2%	15.2%	21.5%	21.0%	16.9%
成　城	8.6%	11.8%	16.5%	27.7%	21.8%	13.6%
タイプ	ワンルーム 1K, 1DK	1LDK 2K, 2DK	2LDK	戸建 3LDK	戸建 4LDK	戸建 5LDK

(平成22年国勢調査　第9表より編集)

＊　太字は，率が1位の形態です。また，1位，2位にアミをかけました。タイプは，延べ床面積にもっとも合致した住居形態です。

　このようにして，持家率・居住形態・居宅の延べ床面積を一覧表にして，あらためて比較してみると，地域性や街並みがはっきりと表れてきます。

　ランキングには登場しなかった「田園調布」，「成城」を加えたのは，敷地面積が広いお屋敷町で社長が住みそうなエリアという固定観念があったからですが，データからもその裏付けが取れた（ここで取り上げた地域との比較ではありますが）といってもいいでしょう。戸建率と延べ面積150㎡以上の率が突出していました。

　六本木は，「ヒルズ族」（という人たちが本当にいるのか知りませんが）に代表される若手社長が，高層マンションに住んでいるというイメージも，11階建以上の共同住宅に住んでいる世帯が実に4割を超えるのですから，あながち間違ってもいないようです。

　家賃の面からも精査してみます。

　前出6の項で，家計調査を引用して住宅ローンの返済比率を算出（136ページ）しましたが，住宅ローンも家賃も要は住居費です。収入に対する家賃支払の考え方も，住宅ローンの返済比率の考え方に倣ってよいでしょう。つまり，

【家賃支払÷収入＝20％内外】が一般的な水準でしょうから，逆算して収入の見当をつけることができます。

本項は，「代表取締役が賃貸物件に住んでいたら」というのがテーマです。通常，代取の給与水準は一般社員より上ですから，家賃の支払比率が前述の20％より上振れしても，生活がすぐさま逼迫することにならないはずです。

前項7では，「会社謄本＋政府統計」から代取の推測年収を算出しましたが，【推測年収×20～30％＝社長相応賃料】と考えてベンチマークとします。

仮に，住居が社宅扱いで社長個人が賃料を負担していなくても，住居費は収入の20～30％が妥当な範囲でしょうから，この範囲を社長というポジションにある人の相応賃料と考えていいでしょう。

このようにして，国勢調査・家計調査からのベンチマーク（持家率・居住面積・住居形態）と，ベンチマークから造った数値（社長相応賃料）とで，社長の賃貸物件と比較してみます。「大幅な乖離が発生しそうか」，「相応といえそうか」を検討して，代表取締役の資産背景もイメージしていこうという考え方です。

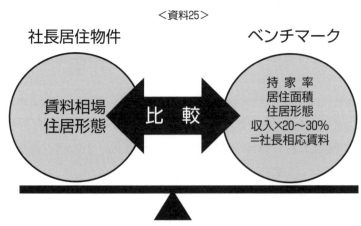

＜資料25＞

「カネがあっても家は買わない主義」,「どうしてもこの場所でないとダメ」,合理性や理屈を超えた問題に直面することもあるでしょう。必ずしも＜資料25＞のとおりに,左右のバランスがとれるとは限りません。しかし,そうであってもカンだけに頼らず,客観的なデータと照らし合わせて,「社長に相応しい賃貸物件なのか」,「なぜこの場所なのか」を考えるクセをつけてください。

9　賃貸住まいをしている代表取締役の
　信用力を判定する＜応用編＞

※ ポイント ※

① 居住地の「持家率」などでのデータ比較で結論が出せないときは，事務所の賃料相場と比較してみる。

② 売上高に対する家賃比率は1～2％（中小企業実態基本統計より）であるので，【家賃相場÷家賃比率】で売り上げを推測し，代取居宅の賃料相場と具体的に比較する。

　社長の賃貸物件が，地域の「居住面積」「住居形態」等と比較しても，明らかな差異が見出せず分析結果を導けないときに，どうやって与信判断をするかを考えていきましょう。

　まずは，事件報道をご覧ください（筆者要約）。

＊＊＊＊＊＊＊＊＊＊＊＊＊＊＊＊＊＊＊＊＊＊＊＊＊＊＊＊＊＊＊

　　投資会社代表ら11人逮捕　CO2排出権をめぐり詐欺容疑

　千葉県警は，二酸化炭素（CO2）排出権をめぐる投資名目で顧客から金をだまし取ったとして，詐欺容疑で東京都江東区にある投資会社「K」の代表取締役D容疑者ら11人を逮捕した。

　県警によると，D容疑者らは平成23年から今年にかけ，東京都や千葉，埼玉，茨城県など1都7県の約170人から計5億円余りをだまし取ったとみられ，裏付けを進めている。

　　　　　　　　　　　　　（2014年（平成26年）11月13日　産経ニュース）

＊＊＊＊＊＊＊＊＊＊＊＊＊＊＊＊＊＊＊＊＊＊＊＊＊＊＊＊＊＊＊

　K社・代表取締役Dの情報をまとめ，法人企業統計・国勢調査を引用して，推測年収・住居形態などを並べました（本章のこれまでの計算方法に基づいています）。

第3章 会社謄本から決算や年収をひねり出してみる

<資料26>

Kの会社謄本・代取Dの不動産謄本		政府統計からの推測値	
本　店	東京都江東区		
資本金	500万円	推測年収	5,563千円（※）
業　種	温室効果ガスの排出権取引の仲介業務		
設　立	平成23年9月		
代取住所	東京都品川区	持家率	45.2%
所有権	Dとは別人	最多面積帯	0～29㎡と30～49㎡で合計56.2%
住　居	4階建てワンルーム 12.07㎡	最多物件帯	共同住宅3～5階建 (64.3%)
家賃相場	5～6万円	年収相応賃料	10～11万円

（※）　法人企業統計「その他の金融商品取引業，商品先物取引業」資本金別10百万円未満より。役員給与10,437百万円，同賞与47百万円，平均役員数3,769人。よって，（10,437＋47）÷3,769×2＝5,663円と算出。

「社長がワンルームマンション住まい？」との違和感を覚えますが，会社謄本から推測された社長の年収が500万円台であるならば，住居費だって限られてくるでしょうし，ワンルームマンション住まいも，ある意味では仕方がないと思えます。

　事件発覚時（平成26年）は，会社設立から3年しか経っていませんから，会社の収益をさらに上げる途中と考えれば，まだまだ個人の住居費に金は費やせない，そんな背景があったのかもしれません。

　周囲の住環境は，3～5階建ての共同住宅が主で，ワンルームマンション（延べ床面積0～29㎡のレンジは28.1%でした）も多く，持家率も45%です。そういう地域にあって，代表取締役Dが4階建て共同住宅の1室を借りている状況は，前出の表の推測値（右側）と釣り合いが取れているように見えて，会社謄本・不動産謄本の登記情報と推測値との明確な差異を見出すことができません。上記の表だけで分析すると，ここで行き詰まってしまいます。

　そこで，次に検討の材料にしたいのは，Kの本店所在地です。投資会社Kの

本店住所は賃貸物件でした。不動産謄本を入手するまでもなく，インターネットで検索すると，事務所の面積は45坪内外，敷金は8か月，周辺相場は坪1万円程度とわかります。

　さて，本件報道は平成26年（2014年）11月13日で，本店移転が登記上では同年3月1日となっています。登記のとおりに本店が移転していたとすれば，江東区に本店を構えたとき家賃45万円×敷金8か月＝360万円程度の資金実需が発生しているはずです。家賃のほかにも共益費がかかりますし，月々の支払いは結構な額になります。

　さて，Dのワンルームマンションへと話を戻します。

　前項8では，社長居住物件とベンチマークの比較をしましたが，本項ではその比較をしても明確な差異が認められませんでした。次の検討事項として本店物件と居住物件を比較します。

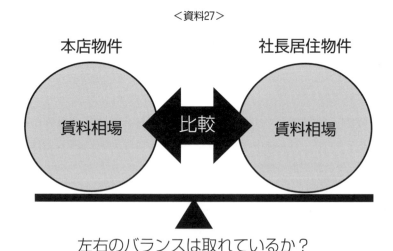

＜資料27＞

　ここで，事務所の家賃が45万円の会社の代表が，5～6万円程度のワンルームにいつまでも住み続けるのかという違和感を覚えます。いわば，「事務所と自宅の賃料が，あまりにもアンバランスではないか」という直感でしょうか。

この違和感を精査するため、中小企業実態基本調査（中小企業庁）の「売上高及び営業費用　産業別・従業者規模別表」を利用しました。このデータでは、「地代家賃」、「売上高」が公表されていますので、地代家賃が売り上げに占める比率（地代家賃÷売上高。以下、家賃比率とします）を割り出しますと、概ね１％～２％台で推移しています（資料28）。もちろん、業種・企業の個別事情によってパーセンテージが跳ね上がり、２桁になることだってあるでしょう。

<資料28>

平成26年度	法人企業＋個人企業	法人企業				
		計	5人以下	6～20人	21～50人	51人以上
母集団企業数（社）	3,185,491	1,503,501	963,135	368,309	109,964	62,094
従業員数（人）	27,362,718	22,819,551	3,925,110	5,114,846	4,070,292	9,709,303
売上高（百万円）	492,822,162	469,225,650	78,180,275	108,225,244	90,545,244	192,274,887
地代家賃（百万円）	6,749,635	6,034,649	1,878,562	1,340,082	877,700	1,938,305
家賃比率（地代家賃÷売上高）	1.37%	1.29%	2.40%	1.24%	0.97%	1.01%

もし、社長の自宅を社宅として扱うなら、事務所の家賃45万円と比べて、ワンルームの家賃５～６万円はみすぼらしくないか、月15万円や20万円くらいの家賃は会社が負担してもいいのではないか、と思わざるを得ません。

<資料28>を見ると、法人企業の家賃比率は0.97%～2.40%の範囲。45万円の家賃を払える会社なら、単純計算で月商は1,875～4,639万円（→ 45万円÷0.97%～2.40%）の規模と数字を造ることができます。家賃比率を<資料28>よりも大幅に高く見込んで10%で計算したとしても、月商は450万円の規模です。それから考えても、代取の５～６万円の家賃は格安すぎないか、このアンバランスさが「違和感の正体」です。

アンバランスさが発生した背景に、どんな原因が横たわっているのかを推測しますと、次のようになります。

① 代取Ｄは、ワンルームマンションに住んでいないのではないか？
　　別の場所に居宅を置いているのではないか？

② K社には，実質的な経営者がいるのではないか？

　　Dは名目上の代表取締役にすぎず，会社をマネージメントする権限を持っていないのではないか？

これら推測を念頭におき，K社，代取Dについて直接・間接情報収集作業を積み重ねていけば，賃貸物件に住む社長の信用力を測定することが可能です。

この項の内容を参考に，みなさんオリジナルの手法を確立してください。

10 実質経営者が牛耳る会社の代表取締役の実態は

※ ポイント ※
① 取締役にも名を連ねていない「キーマン」が存在する会社は，要注意である。
② 「キーマン」に表に出られない裏事情がある場合や，欠格事由該当者の場合がある（２章12＜資料27＞参照）。
③ 社長に相応しい居宅かどうかをチェックすることは，重要である。
④ 現地に行かなくても，最低限，住宅地図・ストリートビューで状況を確認する。

事件記事を読みますと，「実質経営者」の存在を非常によく目にします。会社を代表するからこそ社長なのに，社長の他に実質的な経営者がいるのは奇妙な話です。たしかに，【オーナー ≠ 社長】という中小零細企業なら，社長が100％会社の顔とはいえないかもしれないですが，あからさまに「社長は傀儡」で「実質的経営者がいる」会社は，きな臭さがつきまといます。

第２章の７『会社分割を悪用した事件から見えること』の項では，会社分割制度を悪用した事件を紹介しました。

架空会社の代表取締役に「生活困窮者」（2013年（平成25年）２月25日 毎日新聞）や「10社以上の社長に名義を貸したという生活保護者」（同新聞）が就任するという常識では考えられない事態も発生しています。

その背景は，「社債詐欺や未公開株詐欺などの犯罪グループからの発注を受け」（同）て，架空会社を売却しては荒稼ぎしていた男の指南があったからです。ふつう「詐欺目的でつくられた会社なんだけれど，形だけ社長になってもらえないか？」と頼んでも，協力する人など現れるはずがありません。

だから，当座の金に困窮している人に白羽の矢が立ちます。

架空会社を利用してヒトヤマ当て込んでいる輩は，悪事が明るみになったら水の泡ですから，人目につく振る舞いは致しません。取締役に就任するなどもってのほかです。また，こうしたタイプは「欠格事由該当者」であることも多いため，表に出られない背景を持ち合わせている場合もあります。いわゆる「反社会的勢力」や「特殊知能暴力集団」です（第2章の11『会社謄本から推測する反社チェック』の項も参照）。

　かように，「架空会社」を操る実質経営者は，「名ばかりの代表取締役」をまつり上げるのです。第2章の4項で取り上げたVK社（電動工具の取込詐欺）の例では，「VKの実質経営者，M容疑者ら4人を詐欺容疑で逮捕した」（日経新聞）との記述がありました。

　代表取締役の登記を見てみましょう。

<資料29>　VKの現在謄本（役員欄）

商号	VK株式会社
本店	東京都稲城市▽▽▽333番地

	東京都北区××八丁目8番8号 代表取締役　　P山　Q男	平成25年1月10日就任

　逮捕された実質経営者Mは役員欄にその名前はなく，P山なる人物が代表取締役です。

　次に，住宅地図とストリートビューで，P山の住所周辺をチェックします。

　この街区（「8番」）は，小規模な戸建・共同住宅・商店が密集するエリアで，それを示すかのように，末尾の「8号」の所には複数の建物があります。

　ところが，P山宅は「8号」のどこにもない。集合住宅に居住している可能性はありますが，P山宅がどこにあるのか，依然判然としないのはいいことではありません。

　そもそも会社謄本は，自社情報を公に示すことで，円滑かつ安全な取引を実現するため設けられた制度であり，代取の住所はその情報の一つです。会社の

第3章　会社謄本から決算や年収をひねり出してみる

顔というべき社長の居所がこの有様では，何をかいわんやです。
　こうした状況から，次の疑問が湧きあがってきます。
　○　住民登録はあるが，実際にはP山はここに住んでいないのではないか？
　○　P山宅は一軒家，という錯誤を促すため，この住民登録にしたのでは？
　そこで，閉鎖謄本の代取欄をチェックすると，疑問は確信になります。

<資料30>　VKの閉鎖謄本（役員欄）

	東京都葛飾区□□□一丁目2番3号 代表取締役　　F村　B吉	平成24年8月18日就任 平成24年10月2日登記
	東京都北区××八丁目8番8号 代表取締役　　F村　B吉	平成24年10月11日住所移転 平成25年1月24日登記
		平成25年1月10日辞任 平成25年2月24日登記
	東京都北区××八丁目8番8号 代表取締役　　P山　Q男	平成25年1月10日就任 平成25年2月24日登記

「前代表と現代表がまったく同じ住所」なのです。
　再び住宅地図で「8号」を見ましたが，F村宅も見つけることができませんでした。可能性を考えれば，F村とP山が親族関係かもしれませんし，共同住宅の一室で同居しているかもしれませんが，あまりに不自然です。社長は会社の看板であるべきですが，看板の存在がこんな判然としない会社と取引をするとしたら，かなりの不安を覚えます。まさに，「君子危うきに近寄らず」です。
　VK社のように代表取締役の居所が判然としない，あるいは社長の居所にしては，あまりにアンバランスではないか（前項9のように）というときは，実質的経営者の存在を疑ってみたほうがいいでしょう。
　「なぜ社長の居宅が，地図を見ても判然としないのか」
　「どうしてこの会社には，社長の他にキーマンが存在するのか」
　実質経営者が存在する会社は，かなりイレギュラーです。しかし，イレギュラーにならざるを得ない社内事情があるのかもしれません。

そこで，思い浮かんだ疑問を，相手に投げかけてみることが，重要ではないでしょうか。返ってきた回答が矛盾だらけであれば，取引は止めたほうが無難でしょうし，逆に，「なるほど」と納得のいく回答がかえってくることだってあるかもしれません。こうした作業が自己防衛につながるはずです。
　この項のポイントは，「代取住所」と「住宅地図」の重ね合わせです。会社謄本の字面をどれだけ体裁よく整えても，傀儡に過ぎない代取の居所の実態まで，完璧に覆い隠すことは無理なのです。
　住所と地図と照らし合わせ，会社の社長に相応しい住まいなのかをチェックする作業は，極めて単純であり，誰でも簡単にできる作業です。しかし，その簡単な作業を，もれなく実行しているかといえば，はなはだ疑問ではないでしょうか。
　早速，取り組んでいただきたいと考えます。

○　住宅地図についての入手情報　○

　住宅地図は高価です。まず，ご近所の図書館で蔵書の有無をチェックしてみるとよいでしょう。東京都23区内の図書館であれば，東京都の住宅地図はたいてい揃っています。道府県でも同じ域内の地図は備えていると思いますので，図書館の受付の方へ一度相談してみてください。よいアドバイスをいただけると思います。
　東京近郊にお住いの方でしたら，国立国会図書館の本館4階「地図室」をお尋ねになるのがよろしいでしょう。全国（北海道〜沖縄）の住宅地図が閲覧可能です。同図書館のホームページをチェックしてみてください。
　また，住宅地図出版社とコンビニエンスストアが提携し，コンビニ店舗で住宅地図が入手できるサービスが始まりました。料金は，300円（2016年5月現在）です。
　住宅地図は，町の雰囲気を俯瞰し，把握するのに最適なツールで，与信判断には欠かせません。ぜひ活用してください。

コラム③　取込詐欺を俯瞰して思うこと

　使い古された取込詐欺の手口が，なぜ未だに通用し，被害に遭う人があとを絶たないのか。
　新聞に載った事件，大手調査会社のレポート，私が独自に取材した内容，等に基づいて，取込詐欺を俯瞰した図を作成してみると，その原因がつかめるような気がします。

　俯瞰図を時系列に勘案し，三つに分別しました。
　吹き出しに付けた番号の①から③は，詐欺準備編，次の④から⑧は，実行編です。最後の⑨から⑪は，被害者サイドの処理奔走編というような題名になるでしょうか。
　そして，AからCの三つの傾向や特徴も書き込みました。

　まず，①～③の詐欺準備編は，⑨～⑪への事前対策ということになります。
　商品を取り込み次第失踪する詐欺グループにとり，自分たちの素性が暴かれるタイミングが遅れるほど都合がいい。そのために少しでも時間を稼ぐ必要があります。そこで，彼らの個人情報を守ってくれる法律を悪用して，①～③を弄するのでしょう。
　ふつう，【入居者 ＝ 賃貸借契約の当事者】と思いますから，「甲は借主ではない」といわれれば，誰だって驚きます。「取込詐欺に巻き込まれたから，賃借人の素性を教えてほしい。」と詰め寄っても，個人情報保護法の手前，情報開示の判断は管理会社にも難しいでしょう。

　④～⑧の実行編ですが，ポイントは二つです。
　一つ目のポイント。詐欺グループは，⑤の取引関係は長引かせません。どれくらいの時間で店仕舞いにするのか。長くて4か月です。騙し取ろうと定めた標的は「B」の傾向を持つ会社です。
　そして，もう一つのポイント。営業の心理を逆手に取り，取込時期は

ノルマに追われる頃(「C」)、それは、年末、年度末、半期末です。そして、4か月のうち2か月は信頼関係の醸成に費やします(「⑥」)。

一度信頼関係が醸成されてしまうと、これは厄介です。なかなか意識を変えられないのではないでしょうか。

そうして考えると、敵は詐欺の実行犯なみならず、己の心にもあるのかもしれません。こうした被害に遭遇しないためにも、「A：会社謄本特徴」を常日頃から意識していただき、「C」の時期にあっても、取引先と自らを客観視する心の余裕が大切ではないでしょうか。

第3章　会社謄本から決算や年収をひねり出してみる

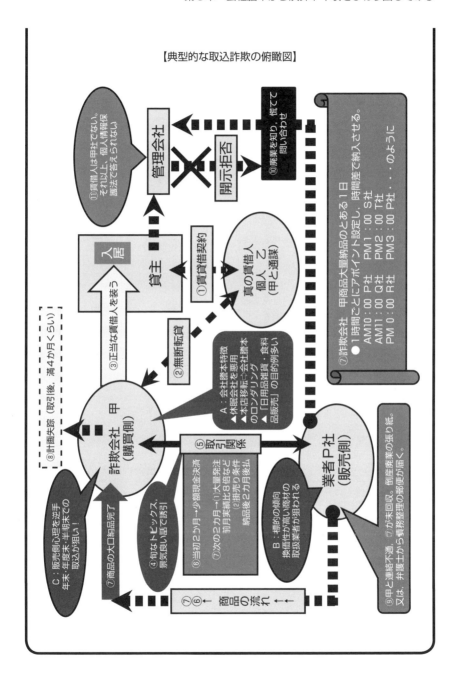

第3章で利用した資料一覧表

項目	「数字を造る」目的など	統計など資料の種別	資料の項目	関係省庁名など
3	従業員数	中小企業実態基本調査	産業別・資本金階級別表	中小企業庁
4	財務諸表・損益計算書の勘定科目（売上・利益・減価償却）	法人企業統計	【業種別，規模別資産・負債・純資産及び損益表】業務用機械器具製造業	財務省
5	財務諸表・損益計算書の勘定科目（月商・現預金・買掛金）	法人企業統計	【業種別，規模別資産・負債・純資産及び損益表】卸売業・小売業	財務省
5	財務諸表・損益計算書の勘定科目（月商・現預金・買掛金）	中小企業実態基本調査	3 売上高及び営業費用，4 資産及び負債・純資産（法人企業）	中小企業庁
6	代取年収	不動産登記簿（登記情報提供サービス）	乙区（抵当権設定登記）	法務省
6	返済比率	家計調査	第8表（住宅ローン返済世帯）世帯主の年齢階級別1世帯当たり1か月の収入と支出	総務省
6	毎月の住宅ローン返済額	住宅ローン返済シュミレーション	−	各金融機関
7	代取及び取締役年収	民間給与実態調査	企業規模別及び給与階級別給与所得数・給与額（第7表）	国税庁
7	代取及び取締役年収	法人企業統計	【業種別，規模別資産・負債・純資産及び損益表】	財務省

第3章　会社謄本から決算や年収をひねり出してみる

8	持家率・戸建率	国勢調査	小地域集計→13東京都→人口等基本集計に関する集計【表番号7～9】	総　務　省
8	年収	家計調査	第4－2表　年間収入階級別1世帯当たり支出金額，購入数量及び平均価格（2人以上の世帯）	総　務　省
9	売上比地代家賃	中小企業実態基本調査	売上高及び営業費用　産業別・従業者規模別表	中小企業庁
10	実質的経営者の有無	住宅地図	国会図書館，規模の大きい図書館，コンビニ（有料サービス）	民　　　間

○　上表の各種統計は，ネットで個別に検索していただければ入手可能です。
○　ポータルサイト「政府統計の総合窓口」でも閲覧可能。上表の統計を含め，政府統計が一元管理されています。
○　このポータルサイトには「統計データを探す」の項目があり，必要に応じて「主要な統計から探す」「政府統計全体から探す」「キーワード検索」より選んで，検索をしてみてください。

おわりに

　2009年（平成21年）3月に「会社謄本の読解セミナー」を初めて講演してから，数十回をかぞえました。ときに新しいトピックスを加味し，ときに表現を変えながら続けてきた講演のエッセンスを本書にまとめ，多くの方の目に触れる機会に恵まれたことを心より感謝しております。
　あるセミナー後，私の講義内容に批判的なアンケートを，聴講者からお寄せいただいたことがありました。

　「あなたは，自分に都合の良い結論へ誘導するために，都合の良い事件を無理やりあてはめて，会社謄本の解説をしている。」

　たいへん耳が痛いご指摘でしたが，誤解を恐れず申し上げるならば，このアンケートのとおりなのです。
　考えてもみてください。会社謄本など漫然と眺めたところで，どこが面白いでしょうか。はっきり言って，無味乾燥な情報の羅列に過ぎません。そんな退屈な資料に，いったい誰が関心を示すというのでしょうか。
　しかし，私は「会社謄本は小説よりも奇なり」と思えた"瞬間"を何度も体感してきました。仕事柄，信用調査の依頼背景という"ストーリー"の中で，あまたの会社謄本を読み込み，閉鎖謄本からネガティブ情報を引き出してきた"実体験"がそう感じさせたのだ，と断言できます。

　どうして多くのビジネスマンは「会社謄本＝提出書類」としか，捉えることができないのでしょうか。
　その理由は簡単です。「会社謄本は小説よりも奇なり」と思える"瞬間"を，一度も経験したことがないからです。
　私がセミナーで最も腐心したのは，"目からウロコが落ちる瞬間"を体験し

てもらうことでした。そのために「三面記事」という「ストーリー」を拝借し，「会社謄本も息づいているのだ」ということを知ってもらいたかったのです。

　これが先のご批判に対する私なりの回答であり，本書のコンセプトなのです。

　本書を通じ，会社謄本に対する認識を改めていただき，調査の資料としてお一人お一人が業務に活用されることを切に望んでいます。合わせてこの本で紹介した以外の活用方法を確立されることも希望しています。その過程の中で，本書に対するご意見・ご批判があれば，ぜひお寄せください。

　批判に向き合うというのは，エネルギーを著しく消耗するものです。しかし，批判が誹謗中傷でない限りは，真摯に受け止めるべきですし，また受け止めることができればこそ，建設的な発想に巡り合えると考えています。

　まさに冒頭のアンケートは，それを示唆してくれた貴重なメッセージでした。

　今般，出版というかたちが実現できたのも，税務経理協会の鈴木利美氏が私のセミナーに来場いただいたことがきっかけでした。心からご縁に感謝しています。

　最後になりますが，ここまでお付き合いいただき，本当にありがとうございました。皆様のますますのご多幸をお祈りし，筆を置くことにいたします。

著　者

著者紹介

中村　勝彦（なかむら　かつひこ）

1965年（昭和40年）1月，東京都渋谷区生まれ。
1988年（昭和63年）学習院大学文学部心理学科卒業後，大和銀行に入行，10年間勤務。その後，身辺警護会社取締役を経て，2001年（平成13年）調査会社の㈱東京エス・アール・シーに入社，現代表取締役。
信用調査業務・マーケティング調査の企画営業に従事する一方，「会社謄本の読解」をテーマに商工会議所，上場企業，業界団体などで多数の講演を行う。
著作に「元銀行員の探偵が教えるヤバイ会社はこう見抜け！」（こう書房），DVD「取込詐欺の手口を見破る！社長さんに喜ばれる会社謄本の読み方・使い方」「そういう見方があったのか！と喜ばれる397円の会社謄本の使い方」（以上，レガシィ税理士法人），マーケティングのベストセラー作家神田昌典氏対談CD「ダントツオーディオセミナー　Vol.171　事業拡大するときに寄ってくる　グレーな会社を見抜く方法」（ALMACREATIONS）など。
また，日本ボクシングコミッション公認の現役審判員としての顔を持ち，国際Ａ級ライセンス保持。これまで，世界タイトルマッチのレフェリーや，十数回にわたる海外試合での審判など，国内外4000を超える試合に携わっている。

著者勤務先：㈱東京エス・アール・シー
　　　　　　信用調査全般・マーケティング調査
　　　　　　〒160-0023　東京都新宿区西新宿4-32-13
　　　　　　西新宿フォレストアネックス3階
　　　　　　http://tokyosrc.com/

著者との契約により検印省略

平成28年11月1日　初版第1刷発行　　**會社謄本　分析事始**

著　　者　　中　村　勝　彦
発 行 者　　大　坪　嘉　春
印 刷 所　　税経印刷株式会社
製 本 所　　牧製本印刷株式会社

発 行 所　〒161-0033 東京都新宿区　　株式　税務経理協会
　　　　　下落合2丁目5番13号　　　　会社
振　替 00190-2-187408　　　電話　(03)3953-3301（編集部）
ＦＡＸ (03)3565-3391　　　　　　　(03)3953-3325（営業部）
　　　　URL　http://www.zeikei.co.jp/
　　　　乱丁・落丁の場合は，お取替えいたします。

© 中村勝彦 2016　　　　　　　　　　　　　　　　Printed in Japan

本書の無断複写は著作権法上での例外を除き禁じられています。複写される場合は，そのつど事前に，（社）出版者著作権管理機構（電話 03-3513-6969，FAX 03-3513-6979，e-mail：info@jcopy.or.jp）の許諾を得てください。

JCOPY ＜（社）出版者著作権管理機構 委託出版物＞

ISBN978-4-419-06390-0　C3034